高质量视域下的"青苹"思行

黄豪芳◎著

U0331164

华东师范大学出版社
·上海·

图书在版编目(CIP)数据

高质量视域下的"青苹"思行/黄豪芳著. —上海:华东师范大学出版社,2024
ISBN 978-7-5760-4760-8

Ⅰ. ①高… Ⅱ. ①黄… Ⅲ. ①幼儿园-管理-研究-宝山区 Ⅳ. ①G617

中国国家版本馆 CIP 数据核字(2024)第 054616 号

高质量视域下的"青苹"思行

著　　者　黄豪芳
策划编辑　彭呈军
责任编辑　张艺捷
责任校对　宋红广　时东明
装帧设计　卢晓红

出版发行　华东师范大学出版社
社　　址　上海市中山北路 3663 号　邮编 200062
网　　址　www.ecnupress.com.cn
电　　话　021-60821666　行政传真 021-62572105
客服电话　021-62865537　门市(邮购)电话 021-62869887
地　　址　上海市中山北路 3663 号华东师范大学校内先锋路口
网　　店　http://hdsdcbs.tmall.com

印刷者　上海锦佳印刷有限公司
开　　本　787 毫米×1092 毫米　1/16
印　　张　14
字　　数　200 千字
版　　次　2024 年 4 月第 1 版
印　　次　2024 年 4 月第 1 次
书　　号　ISBN 978-7-5760-4760-8
定　　价　68.00 元

出 版 人　王　焰

(如发现本版图书有印订质量问题,请寄回本社客服中心调换或电话 021-62865537 联系)

序

上海市宝山区青苹果幼儿园办园的时间并不长,但是,就在不长的十多年里,经过系统谋划、有序推进,以"咬定青山不放松"的精神,全园上下不懈努力,终于使一所新园成为在形成办园目标和愿景,端正教育思想和观念,建设丰富多样符合儿童发展需要的课程,创设激发儿童发展成长的优良空间环境等方面取得显著成绩的幼儿园。本书使该园儿童自主性发展的改革实践全面和完整地得以呈现,读来生动、真实,既有相当深度的理性思考,又有丝丝入扣的实践推进;既有灵动巧慧的策略安排,又有务实落地的行动举措,值得幼教的同行们一读。

青苹果幼儿园办园的经验体现了在高质量教育体系下,如何促进幼儿园高质量发展的思考和追求。学前教育高质量发展,一是要坚持儿童为本,坚守儿童立场。在"三观"(儿童观、课程观、质量观)端正的基础上尊重儿童、理解儿童,支持和促进幼儿的主动学习与健康发展,高质量地陪伴儿童的发展成长。二是要注重儿童的身心发展,注重培养儿童的身体素质和心理健康。通过幼儿园各种活动的精心安排,如运动、游戏、艺术、生活、阅读等,培养儿童的感知能力和参与能力。在幼儿园各种环境的精心创设中,儿童身心的协调性和灵活性能得到充分发展。三是注重教育内容的丰富性和多样性。青苹果幼儿园始终不断地创新着幼儿活动的样式,在多样化的活动中培养儿童的语言、认知、社交、情感和动手能力,其中还包括儿童的创造性发展,注重培养儿童的创造力和想象力。通过艺术创意活动,如绘画、手工制作等,激发儿童的创造潜力。四是高质量发展必须关注儿童学习领域的认知和能力的发展。青苹果幼儿园倡导的学习样式是在所有的情景中,不论是在运动场还是生活场,在游戏场还是实践地,学习都或"蕴含其中",或"悄然发生",或"时刻相融",或"持续发生"。

为了保障幼儿园的高质量发展,青苹果幼儿园在队伍建设上也是称得上倾心倾力。他们认识到,幼儿园教师的专业性要求,从根本上说取决于幼儿的身心发展特点和规律,幼儿的年龄越小,教育工作的难度就越高。幼儿身心发育的稚嫩性和不成熟性,决定了幼儿园教师工作内容和方法的特殊性。因此,青苹果幼儿园从幼儿发展的年龄特点和规律出发,要求教师必须先读懂幼儿,并以此为教育的起点和依据。从分析幼儿学习的方式和特点出发,设计教师专业活动的开展方式。从幼儿发展的多样性和个体差异性出发,要求幼儿园教师学会观察儿童、善于洞悉儿童,学会平等地对待每一位幼儿。让教师在教学实践中研究具体的幼儿、研究活动中的幼儿、研究发展中的幼儿、研究独特的幼儿,让育人实践中的"真研究"带来的"真收获"。这种行动研究的成果形成了"增长点"和"软实力",直接转化为教师的专业素养和教育能力,从而为培养儿童的各种能力和潜力,以及为所有儿童的未来发展奠定良好的基础,也为学前教育的高质量发展提供有力保障。我感到,青苹果幼儿园作为一所基层幼儿园,在教师专业发展中,注重实践性知识增长的经验和结合工作实践进行"真科研"的经验,非常值得大家关注和借鉴!

2023 年 12 月

自序

"做有思想的园长,办有品质的教育。"这句话从我第一天做园长起至今,就始终在我内心深处。从事幼儿教育的这三十年中,我有近一半的时间都是在青苹果度过的。还记得建园初期,面对这样一所处于城郊结合部的幼儿园,我深感肩上的沉沉责任,也在无数个日夜不断叩问自己:"我理想中的青苹果是怎样的? 青苹果的孩子是怎样的? 老师是怎样的? 而我自己又想成为怎样的园长?"带着这样一种思考,我们开始了属于青苹果人的漫漫求索。

在 2010 年园所初开办时,面对家长包办代替严重,上学路上孩子"双脚不着地"的情况,我一直在想我们到底应该成为一所怎样的幼儿园? 我希望我们的青苹果能成为家门口的好幼儿园,成为大场地区的品质幼儿园,甚至成为具有国际化视野的幼儿园;也希望我们的青苹果,有"青"禾葱翠,是"萍"风生茂,更"果"香满园。我始终相信,好的教育是焕发生命活力的教育,能不断发现、支持、焕发生命的潜能。因此,我们坚持以"自主"为理念,支持每个孩子走向更加美好的人生,并在此基础上提出了"'赋'一份自主,'启'无限可能,敬个性差异,焕生命活力"的办园理念。

在关注高质量发展的背景下,我始终坚持用问题驱动的方式推进幼儿园发展,只有清晰地知道自己的问题,我们才有属于自己的未来。在办园过程中,我们不断思考自主教育的课程是怎样的呢? 自主、内生、充满着源源不断生命活力,是我们所期待的。于是我们一路寻找"青品",打造品质课程。经历初创和规范发展,我们走向了优质发展的阶段,同时也进入了幼儿园课程改革的突破阶段。反复推敲与论证后,我以"相信每一个幼儿都是积极主动、有能力的学习者"为导向,明确提出了幼儿园课改的理念——"尊重生命之'青',启蒙自主之'品',培育快乐之'果'",带领全园教师开启了幼儿园自主教育的探索与改革。在此过程中,我与教师们一起进行一轮轮地反思,把握起始点、寻找切入点、提炼关键点,以"亲历体验、个性表达、活力成长"为课程理念,共同形成了"青品"课程。

同时,正如于漪老师所说,"教师队伍的培养是重中之重,也是难中之难"。我也在思考着青苹果的教师应该是怎样的?我希望我们的教师是自主、内生、具有源源不断生命活力的教师。因此,我们根据教师成长的特点与需求,创新优化骨干培养机制、分层培训机制、个人规划机制,重视文化传递价值,探索教师专业自信、学习自律、发展自主的成长路径,形成自主探究型的园本教研氛围,激活教师的深度思维,激发教师的内驱动力,激励教师的自主发展,焕发教师专业成长的活力,打造"我要""我思""我行""我乐"的"四我"自主发展的教师团队,形成培养"幼儿自主能力"的优质土壤。

那么我们所期待的青苹果的孩子又是怎样的呢?我想也应该是自主、内生、充满着源源不断生命活力的。于是,我们以幼儿自主能力的培养为特色,致力于培养具有全面和谐发展的"自主""自力""自信""自强"的"四自"品质儿童。让每一个场域的每一个瞬间都能支持幼儿的自主发展,最终指向焕发每一位幼儿的生命活力,为幼儿终身发展奠基。

在幼儿园高质量发展的过程中,在国家育人目标强烈的呼唤下,我们不设上限,不断进行着自我突破,解决了自主教育中的一个个难题。在2021年,青苹果幼儿园成为了上海市示范性幼儿园,我们也收获了实践过程中的一些小小成果,先后立项六项市级课题,两次获得上海市教学成果二等奖,并出版了三本关于自主教育的著作。但这不是终点,而是我们新的起点。基于此,我也在不断思考,如何将过往的风景好好梳理,为今后的路途指明方向?于是,就有了对于这本书的构思。

在构思本书的过程中,我首先思考的是什么造就了如今的青苹果?于是在第一章,我循着记忆的时光隧道,回顾了青苹果的"前世",看到青苹果的"今生",并力求在"前世"与"今生"中找寻关联,提出对于"未来"的向往与期待。接下来,我思考的第二个问题是在聚焦幼儿园高质量发展的今天,我们已经走在了高质量发展的路上,要如何才能寻找到自己的突破口。由此,在第二章,我写下了青苹果人在十几年的变革中,对于"儿童观""课程观""质量观"的思考与探索,通过回顾我们的行动研究,寻找到高质量发展的突破口。再来,我思考的第三个问题是如何基于我们的教育现场进行反思。于是,在第三章,我带着大家共同沉入青苹果的日常现场,在园所环境、游戏、学习乃至教师成长上共同体会身在青苹果的悸动,也在这样一份共鸣中寻找到反思的锚点。最后,作为一名园长,我抬头看向广阔的星空,肩负着"为国育人"的使命,思索我们青苹果人又将走向怎样的未来。在第四章,我从教师的"增长点"、管理的"精细化"、课程资源的"生产力"、放大"人本值"四个方面提出了我们的思考。

每走到一个阶段,都有我们的纠结与思考,这本书中的每一个章节都可以看到我们的生长点,时间短但思考不浅,困难多但路径顺畅。我们始终坚持一脉相承、一以贯之,在一场又一场的攻坚战中,体现着青苹果人的智慧,更彰显了青苹果人对教育使命的践行。

就这样,当我于深夜停笔写下本书的最后一个标点时,内心既充满激动,又暗含着不安。就像一位母亲看着自己怀胎十月生下的孩子,既希望与大家分享新生的喜悦,又担心将婴儿娇嫩的皮肤展露在眼前,会任由世人评说。风起于青萍之末,点滴小事也许微不足道,但"积累"或许正是教育的真谛,不断地积累促使我们从"青苹"走向"青品"。这些成果还谈不上成熟,但我想那些走过的路、思考过的点滴,依然值得和大家共享。我诚挚相邀,希望广大同仁和读者们与我们一路同行,让我们能够听到不同的声音,在关注与指教中不断完善自我。

2023 年 12 月

目 录

第四章   站在青品看未来   177

第一章

青苹果的发展之路

陶行知先生在《整个的校长》一文中讲道："国家把整个的学校交给了你,要你用整个的心去做整个的校长。"正因为这句话,自青苹果幼儿园 2010 年创办以来,我一直不停地用心思考着要办一所怎样的幼儿园,怎样办好这所幼儿园。在建园之后,我也不断地思考,幼儿园需要怎样的课程,培养怎样的孩子,怎样看待自主教育,以及如何根据园所的发展目标来制定规划,让每个阶段都看得到发展,看得见成长等。这一个个问题一直在我的脑海中浮现,我不断地与自己较劲,与自己思辨。在这个不断思考与审视的过程中,我们披荆斩棘,努力拼搏,最终赢得了家长和幼儿的认可,保证了生源,让每个幼儿亲历体验,个性表达,活力成长,能够成为"自主、自力、自信、自强"的现代活力儿童;赢得了教师的满意,让每个教师都有归属感,让每一个青苹果人都焕发出生命活力,共同谱写出了青苹果幼儿园的前世今生。

第一节　我们的青苹果

　　2010年开园初期，我们不断思考着一个问题，我们期待办怎样的幼儿园？伴随着对问题的思考，我们有了明确的方向，我们想办一所家门口的好幼儿园，始终有着源源不断的生命力，不断地迭代生长，这样才能应对未来不确定的变化。所以这几年来我们始终打造着"青品"文化，积极倡导尊重生命之"青"，启蒙自主之"品"，培育快乐之"果"的价值取向。尊重每一位幼儿的个性规律，启迪幼儿自主发展的良好品性，使得其在和谐、自主的环境中获得全面发展。

　　那么如何审时度势，明确园所不同阶段的发展目标？如何依据发展目标来制定适切的规划确保目标达成？如何找准每阶段发展中的关键问题，提供有力的支持与保障？带着对核心问题的思考，短短13年我们经历了四个发展阶段，第一阶段就是建园初期，托底部；第二阶段促均衡，这阶段形成了一园三部的格局；第三阶段创优质，我们争创了市示范园；第四阶段不设限，不断提质生长。

　　我们不断通过靶向诊断，明确目标，制定规划，提供支持，来确保每一阶段的发展，至今已经有了四轮发展规划。

宝山区青苹果幼儿园发展四阶段			
发展阶段	时间	办园目标	主要举措
第一阶段:托底部	2010—2013	立足基础 提质创级争创幼儿喜欢、家长满意、社会认可的具有自主教育特色的上海市一级幼儿园。	建章立制 规范办园 基础建设 争创市一级园(2012)
第二阶段:促均衡	2014—2017	立足发展 扩大规模争创具有"管理求创新、队伍星自主、课程显特色、资源新系统"特点的,幼儿喜欢、家长满意、社会认可的具有自主教育特色的上海市一级幼儿园。	开办梧桐园(2014) 开办欧泊园(2016) 争创区示范(2017) 市一级园复验
第三阶段:创优质	2018—2021	立足突破 协同发展立足办园与发展的规范优质基础,深化课程实践,以提升尊重生命、启蒙自主的"青品"教育质量为宗旨,探索保教质量评价机制,推进品质幼儿园、品牌教师打造的"双品质"文化自觉机制,构建自合一体的家园共育机制,争创具有自主教育特色的上海市市级示范幼儿园。	争创示范园(2021) 提升质量,促使三园均衡
第四阶段:不设限	2022—2025	立足瓶颈 不断生长立足课程实践和深化,深化推进"双品质"文化机制,以提升尊重生命、启蒙自主的"青品"教育质量为宗旨,打造"青品"教育特色的上海市级示范幼儿园。	加入课程领导力项目 深化各类项目研究

图 1-1-1 幼儿园发展阶段图

 第一阶段:托底部(2010—2013 年)

2010 年,宝山区青苹果幼儿园开办了第一个园所"中环园",我们一直在思考:要办一所好的学校,它的核心内涵是什么?

(一)基于资源环境

首先,从周边资源来看,中环园地处大华地区,坐落在小区内。当时周边都是新建的小区(中环一号、琉尊尚品),小区周边的设施设备还不完善,仅有一家小型超市和一条公交线路 923 路,邻边有一所小学(中环实验小学)尚未建成。

其次,从园所环境来看,幼儿园硬件齐全,布局合理,师资良好,管理科学。我们秉承让幼儿"在具有童趣的环境中自主游戏""在具有品质的环境中健康生活"的理念,创建了幼儿园课程环境,环境已逐步凸显出"有童趣""能自主"的特质。

园所	指标	占地面积 （m²）	建筑面积 （m²）	绿化面积 （m²）	户外活动 场地面积 （m²）	分班活动 室面积 （m²）	幼儿人数 （个）
中环园	总面积	5 788	4 531.03	1 782.7	800	1 485	88

再次，从背景政策看，2010 年发布了《上海市中长期教育改革和发展规划纲要》，其中明确提出了"为了每一个学生的终身发展"的核心理念。

图 1-1-2　中环园平面图

（二）基于现状问题

在这一阶段我们所遇到的现实问题是：基于家长舍近求远的现状，如何在办园初期规范托底的基础上，同步打造品牌？如何面对择园挑剔现象？同时，我们的幼儿园地处城郊结合部，如何确立适切的办园特色？以及我们面临的幼儿发展主要问题是什么？

（三）设定发展目标

基于现状问题，在第一阶段我们设定了发展的目标：立足基础，提质创级。于是在2012年，带着90％的非专业教师和新教师，我们破格争创了市一级园。当时园所环境条件较为基础，资金也不富裕，在这样的现状中我们成功争创，传为佳话，为青苹果幼儿园赢得一席生存空间。

（四）提供发展支持

对于本阶段发展目标的落实，我们提供了各种支持，通过建章立制，来确保规范办园，更加明确特色，从而提质创优夯实基础。同时，在与家长的家访沟通中，我们发现家长对孩子过于呵护，不信任、不放手，更加坚定了我们做自主教育的决心，自主教育特色的种子也从这时开始萌芽。

 二 第二阶段：促均衡（2014—2017年）

在不断的摸索中，青苹果在"自主教育"的土壤中稳步发展。2014年开办了第二个园所"梧桐园"，2017年开办了"欧泊园"，形成了一园三部的格局。

（一）基于资源环境

首先，从园所设施来看，园内拥有建构室、图书室、科探室、创意室、博物馆、木工坊等多个各具特色的幼儿专用活动室，活动室生均使用面积都达到了相关规定要求；专用活动室的设置不仅满足课程实施和特色发展需求，利用率高，还满足了不同年龄段幼儿学习与发展的需要，尊重并鼓励幼儿主动探究和自主建构。

园所	指标	占地面积（m²）	建筑面积（m²）	绿化面积（m²）	户外活动场地面积（m²）	分班活动室面积（m²）	幼儿人数（个）
梧桐园	总面积	7 316	5 677.13	2 218.9	1 269	1 542	291
欧泊园	总面积	6 833	5 599.73	2 403.2	1 900	2 286	332

其次，从周边资源来看，相较于中环园开园时，梧桐园周边小区日益发达，新建了梧桐城邦三期、四期（别墅区），配备了丰富的生活设施场所，如乐坊、宜家等大型商场，宜居宜业。同时，大华新城九年一贯制学校的开办，让周边拥有了更多的教育资源，承载着地区居民对优质教育需求的强烈愿望，也为招募生源奠定了基础。而欧泊园坐落于小区的中心，地理位置优越，邻近配备多个小区（欧泊花郡、水岸华府、碧云天），公交线路也增设到四条，一公里内还有轨交 15 号祁安路站，设施设备愈发齐全。

再者，从相关政策来看，教育部颁布的《幼儿园教师专业标准》把"以幼儿为本"作为四大基本理念之一，《3—6 岁儿童学习与发展指南》更是明确提出幼儿园教育实践

图 1-1-3 梧桐园平面图

图 1-1-4 欧泊园平面图

应以"儿童发展为本"。基于指南精神,我们认真学习贯彻国家、市、区有关实施素质教育的精神,积极进行学前教育改革与实践,坚持以幼儿自主性培养为园本特色,运用课程资源在全面发展的同时对孩子进行大胆、自信表达表现的启蒙教育,为幼儿可持续发展奠定基础。

(二)基于现状问题

到了本阶段,我们又面临着新的问题:基于规模不断扩大的现状,如何在一园三部大规模园所中强化质量均衡? 如何面对管理稀释问题,架构一园三部管理体系? 如何关注课程质量,找准问题固本强根? 如何平衡好办园过程中均衡和提质的关系?

(三)设定发展目标

基于现状,在第二阶段我们设定了发展的目标:立足发展,扩大规模。2017年,我们以 92 分的同年全市第一的高分通过了市一级园复验,并成为区示范幼儿园。在全体教工的共同努力下,保教质量不断提高,教育特色不断彰显,社会声誉不断提升。

(四) 提供发展支持

为了关注质量均衡,我们创新了"N 种组合",由于第三个园开园时间短,存在质量差异,靠行政指导、园本培训无法解决燃眉之急,于是"班班结对联盟"应运而生,成熟园一班带教一班,促使三园整体均衡,"骨干课程联盟""青蓝坊""成长俱乐部"等更多组合出炉。同时,我园年轻教师居多,各种教研方式也不断创新,在草坪上喝一杯咖啡开展研讨,"世界咖啡日"是大家的最优选择,当然还有"跨组教研""随机教研"等。在示范园评审反馈中,均衡优质成为我园的办园亮点。

 第三阶段:创优质(2018—2021 年)

在不断发展中,我们已经设计并实践了一园三部的管理运行机制,初步形成了"资源共享,协调发展"的基础格局,在推进本园持续优质发展中,初步形成"青品"教育特色。

(一) 基于教育趋势

《上海市学前教育三年行动计划(2019—2021 年)》和《宝山区学前教育三年行动计划(2020—2022 年)》相继出台,进一步体现社会对公平、科学、优质学前教育的期盼,明确了上海学前教育发展的重点任务始终是坚持公益普惠方向,持续优化学前教育资源,进一步提高保教质量,全面加强队伍建设,不断完善科学育儿指导服务体系等。

（二）基于现状问题

基于上海市三年行动计划，我们在思考，如何能顺应形势让幼儿园更上一层楼。十年磨一剑，青苹果幼儿园的新启程在哪里。我们是否能上下齐心，形成共同愿景和行动纲领，以实现更新更高的发展目标。

（三）设定发展目标

基于现状，在第三阶段我们设立了发展目标：立足突破，协同发展。立足办园与发展的规范优质基础，深化课程实践，以提升尊重生命、启蒙自主的"青品"教育质量为宗旨，探索保教质量自评机制，推进品质幼儿园、品牌教师的"双品质"文化自觉机制，构建自合一体的家园共育机制，争创具有自主教育特色的上海市市级示范幼儿园。

（四）提供发展支持

打造"双品质"定位是本阶段发展的核心，推进品质幼儿园、品质教师的"双品质"文化自觉机制，具体要从三个方面去实施，在组织管理中主动举措；在个体发展中自主实施；在文化营造中双向构建。三者互补，螺旋上升。如针对青年教师较多的情况，在管理层面思考促进青年教师自省内生的措施——自我规划成长方案，鼓励他们根据自我评价去规划自我成长的方式，同时提供青年教师可发声平台，扩大青年教师的影响力，提升自信度，让教师与幼儿园的成长双向奔赴。伴随着制度的完善，青苹果幼儿园成为了上海市示范园、上海市优秀教师专业发展学校、上海市家庭教育示范校等，并连续三轮作为特色园参与上海市学前教育年会，多名教师获上海市园丁奖、区"四有好教师""十佳青年""学陶师陶楷模"等多项荣誉称号。

四　第四阶段：不设限（2022—2025 年）

2021 年,我们成功争创了上海市示范园。在成功争创市示范园之后,我们又在思考,新的生长点在哪里? 我们在全面总结以往办园经验,广泛听取教职工及家长意见建议的基础上,努力创建"青出于蓝,生发成长"的"青品"文化,实现了更高的发展目标,也即将开始新的起点。

（一）基于发展趋势

随着《中华人民共和国学前教育法（草案）》的颁布,学前教育即将迎来新一轮高质量发展的机遇。2023 年 1 月 1 日《上海市学前教育与托育服务条例》正式实施,进一步反映出当前我国学前教育事业持续高速地发展,已迈入了进一步提升教育要素质量,实现学前教育内涵式发展的新阶段。

（二）基于现状问题

基于高质量发展的现状,我们的思考在于如何理解高质量发展,又如何顺应形势实现高质量发展;在成功争创市示范园之后,又如何思考突破性生长;如何看待接踵而至的诸多市、区级项目,是任务还是驱动;在高质量发展的需要下,如何能不断寻求动态生长。

（三）设定发展目标

基于现状,在第三阶段我们设立了发展目标:立足瓶颈,不断生长。立足瓶颈问题,以课程变革推动幼儿园的不断生长,将课程领导力项目作为契机,思考课程目标与育人目标的关系、课程内容与课程组织架构的关系、课程与教师专业能力的关系,进一步探索园本化、班本化课程建设。

（四）提供发展支持

在高质量发展的当下,我们依托课程领导力,支持教师反思成长,鼓励教师撰写教师反思日志,分享反思故事,不仅让幼儿园的成长看得见,也让每位教师都有人生出彩的机会。在幼儿园的各类项目中,支持教师主动参与,鼓励教师结合自身发展,加入研究中,赋权、赋能教师。在这些举措的推动下,教师发展迅速,多名教师荣获上海市基础教育青年教师教学竞赛等第奖、上海市优秀家庭教育指导者等荣誉称号,同时也将幼儿园的发展带入新的挑战中,成为上海市提升中学(幼儿园)课程领导力行动研究项目(第四轮)项目种子校,并开展课题研究;成为2023年上海市"全面建设高质量幼儿园"成果孵化工作坊。

第二节　我们的青品课程

伴随着幼儿园的发展,我们一直在思考青苹果幼儿园需要怎样的课程呢? 在不断听取教工、家长、儿童多方面的意见和想法后,确立了自主、内生、有"青品"价值导向的课程。这个课程能提供适宜每一名幼儿学习与发展的条件和机会,以"青"(尊重幼儿启蒙阶段的稚真天性)"品"(指向良好个性品质的优育价值)为课程实践特征,激活幼儿主动学习,实现个别化教育。当然,在高质量发展背景下,我们通过不断迭代,历经几个阶段后发现,在架构青品课程的过程中需要处理好四个关键要素,即管理、队伍、科研、文化。

 管理——关注每一个

作为园长,我始终有这样一种思考,那就是必须强化管理,通过管理来规范、优化教师的教育行为,在研究儿童需要的基础上创造性发挥。为此,基于我园教师队伍的发展现状,我们确立了具有自身发展特点的教师培训思路。即坚持"以人为本"的培训理念,树立以教师终身学习和发展为指向的培训思想,从提升教师保育教育胜任力着手,以教师的专业发展保障幼儿的有效发展,形成了促进教师专业成长的"3＋3"机制和"4＊4"培养策略,努力做到关注每一个,驱动每一个。

（一）打造"3+3"成长机制

第一个"3"，是指三个工作室，即"育苗工作室""成长工作室""绿树工作室"。第二个"3"，是指形成了三个机制，即教师成长梯队机制、循证优化教研机制、重构实践反思机制。"3+3"不是简单的分类指导，而是让每个教师的每一段教学生涯都有关怀、都有机会、都有助力；"3+3"也非简单叠加，而是循环往复地不断上升和优化；"3+3"更不是一般的"度身打造"，而是从个体优势走向整体优质的全员行动。

"3+3"成长机制中的三个工作室除了培训对象不一样之外，还有以下这些内容的不一样。

1. 指向不一样

育苗工作室指向的是新教师在职业上的快速入门，绿树工作室指向的是骨干教师在专业上的个性张扬，成长俱乐部指向的是经验教师在技能上的提升超越。

2. 办法不一样

针对育苗工作室，我们制定了新教师管理办法，绿树工作室则制定了骨干教师管理办法，在给予骨干教师相应权利的同时也规范了应尽的义务。

3. 抓手不一样

育苗工作室的抓手是打造针对新教师的兴趣、缺失的教育技能、迫切需要解决的问题进行培训指导；绿树工作室的抓手是提高师幼互动能力，研磨设计优质集体教学活动，设计展示各类活动样本，为全园教师提供范例；成长俱乐部的抓手是突破瓶颈，寻找新的生长点，向骨干教师行列发展。

4. 评价不一样

育苗工作室是对新教师进行考核，考核的内容基本为常规考核、基本功考核；绿树工作室是对骨干教师进行考核，考核的内容是课程引领力考核、特色专长考核。

通过教师成长机制的推进与落实，让每一个教师都有"归属感"，明确了自己专业发展的方向，同时也满足了教师自我学习和个性化发展的需要，激发了教师参加培训的积极性和热情,为幼儿园打造一支高素质的教师队伍提供了前行的动力。

(二)推出"4＊4"培养策略

机制形成后如何激励和支持每位教师依据幼儿园的发展和新课程的要求,制定自己的学习计划,在实践中自我学习、自我研究、自我提高,充分体现我园的办园理念,自主发展? 我们想到了推出"4＊4"培养策略。

1. 四我:凝心

在进入青苹果幼儿园前,每一个教师都互不认识,生活或工作过的地方也各不相同,那么要将这样"一群人"变成"一个人",即"青品人",首先要做的一件事就是凝聚人心,要让他们清晰地知道在这里,他将成为怎样的一个人,我们共同努力的方向在哪里? 于是,我们根据《幼儿园教师专业标准(试行)》中"幼儿为本""师德为先""能力为重""终身学习"的基本理念,确定了具有"四我"素养的自主发展的教师团队。"四我"的具体内容如下:

我要:热爱学前教育事业,有明确的个人发展目标,能在充分了解个人发展水平的基础上积极进取、主动发展。尊重幼儿权益、以幼儿为先,履行教师职业道德规范,对幼教事业有无怨无悔的奉献精神。

我思:有思想力,善于主动思考、自我反思,既有理性思想,又具有人文精神,有益于儿童的主体性、创造性、意志和人格品质的发展。

我行:有行动力,具有终身学习与持续发展的意识和能力,具备社会科学和自然科学相互融合,专业技能、技巧与专业理论知识共发展,复合性知识结构和创造性输出知识结构相辅相成的完整的知识结构。

我乐:有较好的心理素质和人格特征,即积极、主动、乐观、自信、灵活、宽容,能勇于面对竞争的压力和工作的挫折,积极面对幼儿,能化解人际沟通中的矛盾,调节紧张、压抑的情绪、心境等。

2. 四步:凝力

《幼儿园教师专业标准(试行)》中提到,幼儿园应注重教师职业理想与职业道德教育,增强教师育人的责任感与使命感,开展园本研修,促进教师专业发展,我们通过四步来凝聚提高教师们的专业能力。

第一步:引

其一,师德上的引领,保基础。师德是每个教师所应具备的品行和职业道德,是衡量教师事业心和责任心的标准。教师师德的好坏不仅直接影响素质教育的全面推广和发展,对幼儿的培养和成长及国家未来的繁荣与富强也有着极其重要而深远的影响。所以说,教师的师德是最重要的。

首先,用培训明师德标准。开展《幼儿教师职业道德》《幼儿教师职业素养》等专项培训,帮助教师正确理解职业道德的内容与要求,从而树立正确的人生观、价值观,培养其良好的爱岗爱生的师德师风精神。其次,用制度立师德要求。我们先后制定了关于《教师职业道德规范》的实施意见、教师行为规范、教职工礼仪行为规范等,将师德行为规范的内容编辑成为一条条简洁、清晰的条文要求,让每一个教师熟记于心。最后,用评选树师德典范。我们先后开展了数届感动青苹果人物评选活动,通过评选,让每一届富有魅力的师德标兵的事迹成为一股强大的精神力量,对所有教师产生潜移默化的影响。

其二,专业上的引领,显个性。每个教师由于入职时间、工作经验、教学能力等各不相同,因此,对于教师在专业技能的培养上,我们采取的是针对每个教师不同的个体情况,通过"一问二看三定",因势利导,确定她们各自专业上发展的方向,给予个性化的专业引领,帮助她们形成各自的教学风格,术有专攻。一问:询问每一个教师自己擅长什么,在教学特长上有何发展的意向或兴趣;二看:日常通过对教师组织一日活动和教学实践活动的观察,发现每一个教师在教学风格、专业领域等方面的特点;三定:通过教师自我评价和幼儿园的评价,双向讨论后,确定每个教师未来专业发展的方向和规划。

第二步:领

教师作为幼儿园课程的实践者,在实践中都有自己的课程领导力,但在她们成长的过程中势必先要有人带领着慢慢领悟。因此,作为幼儿园的园长,我始终把握一个原则,亲自领兵,带着学、共同研,发挥自身的教育优势。具体有这样几种做法:

其一,"园长讲堂"。即由园长定期、定主题地为所有教师开展专题讲座,先后开展过《浅谈师幼互动的有效性》《走进材料、走出误区》等不同领域、不同主题的讲座,在一次次的培训中,让教师知道如何投放个别化学习活动材料,如何做好师幼互动,一步步向优秀教师的教学行为慢慢靠拢。

其二,"园长课堂"。由园长亲自开展实践展示,先后为教师们展示了曾获得上海市中青年评优一等奖的集体教学活动《我爱我家》,以及《老鼠娶亲》《成长的烦恼》等许多优质的语言活动,让所有教师直观地感受到园长的专业底蕴及自然风趣又不失幽默的师幼互动,给她们一把自我评价的"标尺",也因此激发了很多教师效仿此类教学风格并略见成效。

其三,"园长工作坊"。由园长为工作坊坊主,认领一项研究任务,并带领一群骨干教师共同研究。例如,曾经为了提高教师集体教学活动的设计力,先后开展了"语言教学活动的设计""音乐教学活动的设计""教学活动中的师幼互动"等研究,在此过程中先后有数名教师参加了各种级别的教学评比活动并获得优异成绩。

其四,"芳芳热线"。即以园长名字命名的一项培训活动,只要教师提出求助,无论是运动、学习还是生活、游戏,园长都亲临现场给予专业上及时的指导与解答。通过这一方式的指导,让很多教师在专业上有了飞速发展,在队伍中崭露锋芒。

第三步:干

实践是认识的基础,对认识有决定作用。没有实践就没有一切的思想、科学、知识,人的大脑就是一片空白,空无一物。所以当有了思想上的保障、专业上的引领后,更多的还是要通过教师自己去实践体会,提升自我认知和能力,专业上才能快速成长。

青苹果是宝山区个别化学习提质学科基地,这一成绩的获得不是一蹴而就的,是我们的教师历经多年的实践研究,通过一个个主题的研磨,一个个区角的设计,一次次材料的调整,最终在个别化学习活动区角的创设上积累了经验,形成了特色,最终使幼儿园成为可以辐射指导全区的基地园,让很多教师在市区级不同层面上进行了无数次的经验交流,个别化学习区角创设成为她们自己专业上的一张"王牌"。

如余老师交流了《大班个别化学习活动创设的"有效"与"有趣"》,她指出:在大班个别化学习活动的创设中,有趣和有效是彼此相互依存的,有趣之后才会激发幼儿愿意去学习的效能,有了学习的效能之后才可以让幼儿不断地改变做法,改变玩法,改变规则,让个别化学习变得更有趣。趣和效,相依相存,以趣促效,以效激趣,方能让大班的个别化学习变得既有效又有趣。又如杨老师交流了《中班个别化学习活动材料投放中的"大"与"小"》,她指出在中班个别化学习活动的创设中把握好"大"和"小"的度,即大目标中的小发展、大情境中的小区角、大设计中的小机关,让"大"和"小"相互依存,相互影响,并相信"幼儿是有能力的学习者"才能把个别化学习活动的目标落到实处。

其实通过这么多年的实践,不光有很多教师交流发表了自己的创设经验,我们所有教师也都深刻领会到,个别化学习活动绝非主题内容的随意拼凑,不是拿来就可以用,讲究的是推进;绝非多种材料的复杂陈列,不是量多就是好,讲究的是价值;绝非幼儿经验的零碎叠加,不是有了就可以,讲究的是平衡。当然,在其他领域的实践中,我们的教师也是如此,脚踏实地,仰望天空,一步一个脚印地用行动去探索发现,提升自己的专业技能。

第四步:推

幼儿园的管理错综复杂,但最为核心的就是对教师的管理,不仅要管好他们的心,还要管好他们的业务能力,同时还要兼顾每一个,让他们都能最大限度地实现自己的人生价值,在群体中有成就感、归属感。因此,适时而推,适人而推在教师队伍的成长过程中显得尤为重要。

适时而推，就是在合适的时机或情况下推出相应的举措或制度等从而获得事半功倍的效果。

青苹果先后推出过"骨干教师评聘机制""集星换券机制"等机制，通过推出这些机制来激发教师始终保持高度的专业热情，不断提升自身专业发展的主动性。我园在2012年争创市一级成功之后的几年里，师资梯队逐年成熟，但园内骨干教师的专业热情及提升意识却出现了停顿，遇到任务安排时也会有推托的行为出现。后经行政部及师训部商讨，为进一步加强青苹果的教师队伍建设，切实实施教师培养工程，建立教师快速、健康成长的长效机制，激励教师立足岗位，钻研教育、教学工作，提高教育、教学、科研能力和水平，促进青苹果的骨干教师队伍专业化、稳定化发展，我们推出了骨干教师评聘机制。其中明确规定，园级骨干教师实行动态管理，任期为两年，每学年末实施考核，考核合格者方可享受称号及待遇，如连续两年在考核中排名位于末尾的，将自行取消骨干教师的命名。这一机制的推行，使得原先已经是骨干的教师有了危机感，遇事不再推脱，在工作任务的承接上更加积极主动，努力发挥着骨干引领作用。同时，对于那些积极进取的经验教师来说，有了新的发展空间，任何事他们都会积极主动报名承接，希望通过任务来展现自己的才干，凸显自己的能力，从而获得骨干教师的聘任。所以，一个机制带动了一群人，也重燃起教师队伍的专业热情。

适人而推，就是在观察研判某一教师后，发现其特点，让其就位于最适合的位置，从而以最简单的善任换取最好的效果。

在青苹果有一位年轻的非编教师冯老师，由于本科学历一直在读，而且几次考编都未能顺利通过，所以她连续几年都处于非编的状态。但是她的性格非常阳光、外向，为人处世总能站在他人的角度去处理，与每个同事都能和睦相处。在专业上，她也非常地积极主动，一直会向经验教师、教研组长请教。有一年，园内的团组长由于超龄即将换岗，这一职务就有了空缺，由谁来接任就成为需要解决的问题，之后有几位教师进行了自我推荐,其中就有非编的冯老师,通过行政领导们的评选,最终在冯老师和王老师两位老师之间难以取舍。王老师是一位工作认真并且有上进心的团员教师,但组织能力上略有欠缺。冯老师则是具有一定组织管理能力且年轻活泼,但她唯一的问题就是在园内选拔组长的制度中明确写着,需在编教师,而她是非编教师。后来,我们通过对团组长这一岗位职责的分析判断,最终选定了冯老师来担任,而这一决定也为后来冯老师在专业上的发展点亮了光明之灯。之后她努力学习,成功拿到了本科学历,并且在团小组的工作上,身先士卒,凡事都带头做,团结所有的团员,积极参与幼儿园的各项活动,无论是在幼儿园游戏故事的评比中,还是在各类对外展示的接待工作中,我们都能看到热情洋溢的团员们的身影。冯老师的团组长工作做得红红火火,风生水起,在2022年她也考编成功,成为青苹果的在编教师。

所以,在教师队伍的成长过程中,园长要适时而推,伺机而动,通过机制的不断推行与跟进,让不同特点的教师都有自己上升的通道和平台,为每位教师都找到最合适他们发挥的位置,让他们始终保持教育的情怀和专业的热情,才能激发教师不断提升自己的综合能力。

3. 四重:凝智

随着幼儿园教师的专业成长及知识结构的不断更新与丰富,教师队伍整体素质的高低将直接影响幼儿园办学水平和教育质量,因此多途径、多渠道、多形式地提高教师的思想道德素养和专业素养具有重要意义,而集大家之力,凝集体之慧,是最佳的途径和方法,所以我们的做法是"四重"。

(1) 重需要。马斯洛需求层次理论将人类需求像阶梯一样从低到高按层次分为五种。其核心观点是个体成长发展的内在力量是动机,而动机是由多种不同性质的需要所组成,各种需要之间,有先后顺序与高低层次之分,每一层次的需要与满足,将决定个体人格发展的境界或程度。教师是幼儿园人群中的重要组成部分,也是幼儿园课程的主要执行者。我们应重视每个教师的不同需要,包括生存的需要、安全的需要、社交的需要、尊重的需要、自我实现的需要等。当这些需要得到满足时,她们就会对幼儿园产生认同感、归属感,为幼儿园的发展出谋划策、贡献力量,并且发自内心地希望幼儿园变得越来越好,产生幼儿园好就是自己好的想法。

幼儿园里的教职工基本都是女性,结婚后她们就会担心生育后孩子的哺乳问题。为了解决大家的担忧,我们通过校务委员会商讨,制定了 A、B 两套哺乳假方案供哺乳期教师根据自己家庭的实际情况进行选择,帮助她们解决了工作和家庭的矛盾。此外,在繁忙的工作之余,教师们常常会提出能不能抽一点点空余的时间,让她们放松一下心情,调整一下节奏。于是,我们在工作安排允许的情况下,利用工会活动,为教师们安排了每月一次的"快乐日活动",活动内容由教师自行策划,提前报备,获得认可后,她们就可以尽情地在这一天放松玩耍。这个活动不仅满足了教师的需求,放松了心情,也凝聚了教师之间的情感。与此同时,当幼儿园遇到未来发展道路上的抉择时,如 2021 年是否要争创市示范幼儿园时,所有教师的回答都是"要",100% 通过,没有一个提出"不要",而她们的理由出乎意料的一致,那就是"因为幼儿园发展好了,我们也就跟着好,拼一拼就过了"。

(2) 重组合。每个教师各有所长、各有特点,因此在对她们专业的培养上,我们会根据教师需要,让她们身边始终有"同盟者"。有时这个"同盟者"和她们捆绑结对,形成合作小组;有时这个"同盟者"又是支持者,为她们提供模板,供其学习效仿。我们始终认为在专业的成长道路上:一群人比一个人独自行动的成效要强。

在创设个别化学习活动环境的过程中,很多老师都会对"情景性""层次性""趣味性"等"三字标准"感到困惑,究竟如何投放材料才能达到要求,要是有个参考就好了。面对教师的这些困惑,我们想到了"捆绑结对",因为幼儿园里有一部分教师在创设个别化学习活动环境方面都有自己独特的思路,属于"思考型教师",而有些老师却有一双灵巧的双手,属于"行动型教师",她们各自的优缺点正好可以互补。于是,在创设时,我们会根据教师各自的特点,为她们"牵线搭桥",寻找合作伙伴,有的是同组室的两个班级组合,有的则是跨组室的两个班级组合。这样既解决了有的教师没有思路但动手能力强,有的教师有思路但动作慢的问题,又提高了工作效率,皆大欢喜。

又如怎样有效、开放地凸显幼儿自主地组织好一个半日活动,对于很多教师都是一种挑战。于是,我们精抠一位骨干教师的半日活动,使其组织的半日活动成为样本。新教师可照搬照抄地模仿,经验教师可稍作调整后演练,骨干教师可抓精髓后创新。样本的创设,让所有教师组织的半日活动由原先的单一死板变为百花齐放,充分体现了教师的放手与幼儿的自主。

(3) 重资源。我园开园至今已有三个园部的规模,师资队伍的整体水平也各不相同,有的园部的教师在创新能力上相对比较强,有的园部的教师在逻辑思维能力上比较强,还有的园部周围环境资源比较丰富。因此,在看清各自优势的基础上,我们通过多次的现场调研与观察比对,采取了将差异转化为优势,一园一亮点,三园共平衡的方式来推进整个幼儿园的发展。

梧桐园的教师在创设个别化学习区角方面比较有经验,曾多次对外展示个别化活动现场。因此,个别化学习就作为梧桐园的重点研究内容,其他两园的教师则可以在创设时去梧桐园进行观摩学习,互相切磋,取长补短。而中环园的教师在开展户外自主游戏方面特别有想法,尤其在我园成为宝山区安吉游戏试点园后,基本上所有的对外展示都在该园,于是户外自主游戏的研究则成为该园的重点,其他两园在开展研究的时候,同样也可以去现场观摩学习,挖掘亮点,开拓思路。

(4) 重组团。管理学家罗宾斯认为:团队就是由两个或者两个以上的,相互作用,相互依赖的个体,为了特定目标而按照一定规则结合在一起的组织,团队形成的最终目标就是解决问题。在积极倡导幼儿园教师是幼儿教育高质量发展的根本动力的今天,幼儿园课程实施过程中出现的问题,更应以教师合力组团的方式来共同解决问题,优化课程。

在面对幼儿园四大板块等方面的研究时,我们设立了项目工作坊,由园内骨干教师根据自己的专业特长,自主申报承接一个项目,然后园内的教师们则根据专业发展的需求自主报名,参与到一个项目工作坊的研究中,从而形成多个"1＋N"的研究小团队,为幼儿园课程的实施与优化提供了保障。我们先后成立了生活项目工作坊、游戏项目工作坊、运动项目工作坊、个别化学习项目工作坊、音乐项目工作坊、STEM项目工作坊等。

4. 四阶段:凝思

我们"青品"课程的内涵是随着时代的发展而不断发展的,前后共经历了四个阶段,每个阶段我们对孩子在自主能力的发展上都提出了不同的方向,从尝试做到选择做,再到主动做,最后到反思做。当然对孩子提出了这样的发展方向后,我们也在思考,我们的教师队伍建设也应提出相应的要求,即做到"四重"。因为只有对老师放手,她们才会感受到放手的重要,自然而然地对孩子放手;只有给老师机会,她们才会始终想着给孩子机会;只有给老师赋权,她们才会给孩子赋能;只有注重老师之间的分享,她们才会更加注重孩子之间的分享,最终才能把"四重"落实在课程的建设中。

(1) 重充分放手。在第一阶段我们希望幼儿凡力所能及的事情都能去尝试做,因为我们一直相信孩子是主动且有能力的学习者。同样的,我也经常会问自己,我是否相信每一位教师在课程抉择的时候,有自我认知、自我调节和自我推进呢? 当和我的意见不同时,是否真的能相信她们总有自己的道理,愿意静心等待呢? 我的答案是"我相信"。因为只有对老师充分地放手,让老师大胆尝试,老师才会对幼儿充分放手,让幼儿尝试做。

有一次,我在操场上观察每个班级幼儿的运动情况。这时收运动材料的音乐响起了,只见各个班级的幼儿都迅速地整理起运动材料,有的滚轮胎,有的搬垫子,还有的收拾梯子等,但是唯独大三班的孩子还在运动,没有任何整理材料的行为出现。当时我就很纳闷,心想,"难道是孩子们没有听到音乐? 可是即使孩子没有听到,难道带班的晓蕾老师也没听到吗?"于是,我走上前去,非常严肃地问道:"晓蕾啊,音乐听到了吗?"晓蕾老师淡定地回答道:"听到了。""既然听到,你们班孩子怎么还不收材料,待会儿来得及做操吗?"我问道。但晓蕾老师却笑眯眯地说道:"刚刚我们班的孩子来跟我商量,说今天玩地垫真的太有意思了,他们想要再多玩5分钟,我也问他们,那做操来不及怎么办?他们说,会用最快的速度整理好材料,不影响到做操。我想,既然孩子们都保证了,那我为何不能给我的孩子多玩5分钟呢?这是他们的选择,我就尊重他们的决定。"结果大三班的孩子们也做到了,他们整理材料的速度比以往更快了,当做操音乐响起时,孩子们已淡定地跟着音乐做起操来,没有任何影响其他班级做操的问题存在。

教师是幼儿园课程的执行者更是建设者,她们在倾听幼儿的需求后,立足于幼儿经验与兴趣,给予幼儿充分的机会自主选择和自由探索,最终既满足了幼儿的需求,也未影响到其他班级,这不正是班本化课程的一种体现吗?作为园长的我,应该相信我们的教师,充分放手,给他们机会和空间,让他们尝试着做,这样他们才敢大胆地充分放手给孩子尝试做的机会,而放手后的结果或许就像这次,带给我们的就是教师的专业成长和幼儿的自主自信以及自我需求的满足。

(2)重给予机会。第二阶段是我们希望幼儿能选择做,将自主选择作为"切入点",融入幼儿园一日活动之中,给幼儿充分的机会,支持幼儿自主选择活动,发展幼儿自主意识。那么,在教师队伍的培养上,我们也要重视给予每个教师机会,因为教师的专业自信源于一次次任务后的成功,而任务源于一次次机会的把握。每一个教师其实都希望自己有获得成功的机会,能成为那个发光的人,所以作为园长的我,从不吝啬给每一个教师机会。因为我们的教师培养目标就是我要、我能、我行、我乐,不分在编或非编,不讲骨干或新教师,只要争取,就会给机会。

徐老师是一位教龄只有3年的年轻新教师,性格比较内向,平时和同事之间话也不多,但是她对班里的每个孩子都非常关心和爱护,时常用手机记录着孩子们每一天在幼儿园发生的故事。自从幼儿园开始研究户外自主游戏后,徐老师手机里更是多了很多孩子们玩游戏时的视频和照片。有一次幼儿园接到了对外展示交流户外自主游戏的任务,其中需要两位教师进行故事分享,当我们让老师们自主报名时,徐老师默默地举手了,"我想试试,"一句弱弱的声音,引起了我们的注意。"你有什么好的案例吗?"保教主任问道。"有的,我给大家看些我拍的幼儿游戏视频好吗?"徐老师将手机打开,投屏到了大电视机上,出现在我们眼前的是她们班每个孩子的文件夹,文件夹里是她拍摄的每个孩子的游戏视频,然后她打开了其中一个在小山坡上玩滑草的孩子的视频,缓缓地介绍着她的观察和发现。我们所有人一下子被她的故事所吸引,最终把其中一个交流的机会给了徐老师。而徐老师也未让我们失望,通过多次的修改,在展示当天她交流的"嗖嗖,滑下去"赢得了参观人员的一致好评,徐老师也是既紧张又兴奋,这一次的成功让她信心满满。后来,在安吉游戏试点园游戏故事交流展示的招募中,徐老师又一次提出了交流的意愿,而她的游戏故事"一本特别的游戏日记本"成功入围,并在交流当天也赢得了幼教同仁们的好评。自此以后,徐老师的脸上总是洋溢着笑容,性格也更加开朗了,和同事们也会经常谈笑风生,有时一些新教师也会去请教她如何撰写游戏故事,她对工作、对生活的热情越来越高涨。

后来在徐老师的班级里,我们经常会看到以下类似的场景,"这周轮到我们班级到天台上进行自主点心活动,当然也可以继续在班级餐厅里吃点心,有两种选择,我想听听你们的意见,去哪里吃?"徐老师淡定地询问着孩子们。"去天台吧,我们班一个月只能轮到一周,不能错过。"一个男孩子站起来说道。"我觉得还是在餐厅吃吧,如果轮到做值日,还要搬很多东西上天台,太麻烦了。"做值日生的女孩提出了不同想法。于是,孩子们就在去与不去中辩论起来,面对激烈的讨论声,徐老师只是站在边上,轻轻地说了一句"你们讨论好告诉我结果哦!"最终孩子们少数服从多数,还是上天台吃点心。当然这样的场景还有很多,而孩子们这一切的自主讨论、自主决策等,正是因为徐老师在教学过程中给了他们充分的机会,从而促使幼儿的自主意识不断发展。

(3) 重赋权赋能。第三阶段我们希望孩子能主动做,让他们能充分参与到一日生活的大小事务之中,支持他们的主动建构,最终促进其独立性、规则意识和自主表达的发展。当然我也在思考,如何让我们的教师也能做到主动做,因为课程领导力的主体不仅是园长,也是我们的教师,而教师最为关键,所以放开组织管控的有为之手,敢于赋权教师,善于赋权教师,这样我们的老师才会主动去做。

作为安吉游戏试点园,我们经常要开游戏故事分享会,之前我们都是坐在舞台下听其他试点园的教师交流故事。但是慢慢地,我发现教师们已经不再满足于听而不为,他们也渴望分享自己的游戏故事。于是,当轮到我们开展故事分享时,作为园长的我,没有直接提出活动开展的要求,而是让教师们组团去思考一场分享会的价值是什么?以及教师喜欢的具有价值的评价该是怎样的?然后,故事会的形式、时间、地点、人员都由他们自己来决定,园长的角色就是最后的抉择和拍板,在之后的一段时间里,每天都会看到教师们,两两结合,有的在办公室讨论,有的则在游戏现场讲故事,还有的利用教研活动的机会交流各自的故事等。最后,当全体教师分批带着自己的故事,同全市、区专家及教研员以及线上幼教同仁进行分享交流时,赢得了所有人的认可与赞许。而这一切的一切,我们认为所延展的是让人人成为决策人,人人成为主持人,人人成为评价者的校园文化。赋权,让生活处处都是舞台,让人人都有人生出彩的机会!

当我们真正赋权给教师后,我们的孩子也在教师的赋能下主动地建构起属于他们的规则。有一次,我经过大三班教室门口,看到几个值日生早早地来到了教室,其中有一个男孩说道:"今天我们5个值日生,老师说辰辰今天生病了,没办法来上幼儿园,那他今天的值日生工作就由我们几个做掉吧?"其他几个值日生随口答应了,于是这个男孩又开始分配起工作来。"辰辰今天负责的是签到、植物角和书包架的管理,现在就由你们三个人来做。悠悠,你照顾植物角;小米,你整理书包架吧;姚姚,你负责提醒大家签到。我就做小组长,你们哪里来不及我就来帮忙,你们都同意吗?"几个孩子对于他的工作分配都表示认同,于是就分头做了起来。而整个过程,我看到班主任老师就在教室中间巡视着其他孩子,全程没有干预值日生工作协调的事情,但正因为她的赋能才成就了今天这几个孩子在遇事解决问题能力上的提高。

(4) 重分享支持。 第四阶段我们希望我们的孩子能反思做,孩子们能有评价反思能力的,能依据同伴的评价做自我调整,也能尝试自我评价和反思。那么同样的,在高质量发展的当下,我们教师队伍的发展,势必应依托课程领导力,支持教师反思成长,鼓励教师撰写教师反思日志、分享反思故事。反思应该成为教师常态,让教师在不同平台尝试,关注实践反思,不断引发教师自我反思和协同反思(师幼协同、专家协同、同伴协同),因为每一次的反思,教师都会从中获得自我发展,看到自己的变化。

每年幼儿园条线组长在年终时,都会进行述职报告的交流,但是每一年,我听到的却都是同一个模板,同一种思路,年复一年,组长们自我反思、改变创新的意识不明显。为了打破这一"局面",我在有一年的年终述职前,提了一个要求,"今年的述职必须跟去年的不一样,不需要头头是道,只说工作中的一个亮点,围绕这个亮点说说你都做了些什么?"就这样,条线组长们有的协同商量,互相寻找工作中的亮点,如工会与团委寻找在活动组织上有什么亮点? 保教和师训商讨着各种培训方式是否有亮点? 这一年的条线述职发生了反转式的变化,而在之后新一年的条线组长新学期工作设想交流中,组长们交流的方式也发生了转变,她们会基于问题来谈设想,不再是泛泛而谈,由此可见,组长们通过不断反思,寻找到了问题所在,并且在解决问题的过程中发现了转变的方法,条线工作的管理得到了进一步的发展。

当我们的教师在不断反思中提升时,也在慢慢地、潜移默化地带动着孩子们去反思和调整。在户外运动期间,我们经常会看到一小堆一小堆的孩子,在自己班级的运动评价板前给自己的运动情况进行打分评价,有的会给自己的出汗护理打一颗星,因为头上都是汗珠;还有的会给自己的运动强度打三颗星,因为用电子测脉搏的仪器监测出心脏跳动数量超过了标准数量,于是赶紧休息调整运动量。同时,还会看到在同一运动区域运动的孩子会进行小组讨论,"这个太高了,我们都跳不过去,把这个材料放下来一点。""这个放下来,那其他人会不会觉得太低了呢?"等自我评价的话语层出不穷。而孩子们的这些表现都是因为教师给予了充分的信任,不随意介入发表自己的想法。这是一种支持,让孩子们能通过同伴评价、自我评价,不断地调整优化运动材料等,自主能力得到进一步发展。

 队伍——发现每一个

历经数年,青苹果办园规模不断扩大,从一个园部变成三个园部,新教师、非专业教师不断涌入,教职工队伍不断壮大,管理也被不断稀释,新的挑战、新的问题再次出现,如何才能在园所体量扩大的同时,队伍还能守住优质均衡的水平线。我们有效分析了教师队伍发展的特点及需求,将教师根据教龄分为职初教师、成熟教师和骨干教师,并大胆地提出了"让每个教师都抬起头来走路"的队伍培养理念,通过多元化的园本培训措施,促进教师队伍的均衡优质发展。

(一)职初教师——寻规律、谋策略、促成长

职初教师的入门与成长有自身的规律性,把握规律就能增加效益。规律一:理解表象。职初教师的思维方式往往比较表象,不会深入去思考,全面铺开会更加让他们只关注面的全而不关注点的深。规律二:先入为主。职初教师往往具有先入为主的认知规律接受特点,不会权衡思考,当主体经验和领域平衡单向给予时,会让他们今后的认知调整有难度。规律三:循序渐进。职初教师要学的有很多,在其成长的过程中一定要保留"兴趣",要求过高、过难,都会让他们感到焦虑,失去兴趣,对他们的成长有害无益,不可操之过急,急于求成。我们应关注其成长阶梯,设置小步递进。从职初教师的这些规律出发,创新培训策略,使培训从无效走向有效,从而激起他们的专业热情和对儿童解读的热情,促使其在专业上不断成长。

策略一:直击现场——从直观的特点出发,将培训现场由办公室转移到实践现场中。直观再现实践现场,能帮助教师瞬时理解,直观再现,避免培训过于抽象。

策略二:解读优质——教师往往只看表象,而真正的优质教育行为,都有深刻的思考和先进的观念作为支撑,为此我们开展了"解读优质"活动,一句句剖析名师互动背后的智慧及观念。在一次次剖析后,教师发现原来每句话背后都是经过仔细推敲的,一次次解读能帮助职初教师揭示本质。

策略三:寻常时刻——职初教师刚踏上工作岗位,对于他们而言,往往最寻常的一些事情都会让他们烦恼焦虑,如带班常规、幼儿生活照料。我们把视角从高高的研究放下来,转到他们日常带班中寻常的一些问题,通过"园长热线""问题互动""师徒带教"等将寻常问题一一解决,以免问题堆积。

在一次与职初教师高老师的互动交流中,我听到了这样一个片段。她说在他们小一班的班里有个女孩,名字叫岳岳,每当游戏时她总是定格在小墩子上,一脸茫然、两眼放空,游离在边缘,像是沉浸在自己的世界中,询问她为何不与朋友们一起玩时她也不回答,作为新教师的高老师有点不知所措了。于是,我对她说:"别担心,你再去跟踪观察几天,去看看她看向的方向,去坐坐她坐过的地方,过几天你再来跟我说说,你看到了什么?"几天后,高老师兴奋地说道:"原来我眼中的她躲在树干背后,而她其实是在看大班的哥哥姐姐玩游戏;原来我眼中的她藏于墩子旁,而她其实是在观察地上的小蚂蚁;原来我眼中的她隐秘树丛中,而她却是在听树上小鸟的声音。是我不曾真正了解她,没有更仔细地倾听她。之前我以为的独自游荡对她来说从来不是漫无目的的,而是有她自己的独特发现,每一次游戏都是辨识自我与世界的尝试。"听了高老师的反思后,我为她的发现而感到欣喜,与岳岳的一次互动,让她发现了这个孩子的无限可能,也让她对观察产生了兴趣,努力去看见儿童,走近儿童。

策略四:情景模拟——为了能使研讨的结果通过实践瞬时强化,我们推出了情景模拟的活动,也就是教师们现场演练,让教师做幼儿,磨炼回应,这样才能做到研讨和实践一气呵成。

策略五：月学月练——从模仿到创造的特点出发，每月让职初教师模拟优质活动，在模仿中获得，在模拟中创新。

(二) 成熟教师——给方向、激活力、破瓶颈

成熟教师往往会随着工作年限的延续，在专业的热情和成长的内驱上进入茫然、徘徊的瓶颈期，很多教师的发展都变成了被动型。因此，我们倾心成熟教师的发展内驱，关注三需要，给方向，激活力，破其瓶颈，让他们由"要我干"变为"我要干"，以更大的热情投入到工作中，焕发出勃勃生机。

其一，让诊断成为助推发展的需要。我们注重成熟教师个人成长的诊断，将园方评估和自我诊断相结合，制定"私人订制"成长方案，强调发展评估，让其发展有目标，让诊断成为助推发展的需要。

其二，让发展成为个人成长的需要。对于成熟教师的培养，我们通过点面结合的方式，把握其成长的关键，有效推动其稳步提高。点：抓的是推波助澜，讲究的是"助推"。制订评选细则，鼓励成熟教师评选争创某一方面擅长的能手，如家教能手、情商能手等。摆擂台竞选主题背景下各领域教学的擂主，让她们也成为某一方面的专家，专攻某一方面，专长某一领域，以点带面，推进成熟教师的专业成长。面：抓的是波澜四起，讲究的是"激情"。引导成熟教师制订一份合情合理的个人三年发展规划，给自己选一条适合走的路，想一条自己想走的路，定一条自己能走的路。

其三，让问题成为自主研究的需要。畅通多种教研形式，如网上教研、随机教研、项目研究等，激发问题，让问题成为成熟教师开展自主研究的需要，关注一个个实践中的小问题，作为专题进行研讨，得出大经验，达到专有所长、业有所精。

经验教师倪老师在新学期开学前与同伴交流中了解到，小班的老师们都很担心孩子开学第一天会不会哭得很厉害，不停地喊着想妈妈，想奶奶等。作为中班的老师，倪老师的心中也不由得想到：我们中班的孩子应该没有那么多的问题了吧！会不会像小

班一样也有入园焦虑呢？在自然状态下的表现又体现了孩子们哪些需要呢？带着这样的问题，倪老师自发地在开学第一天跟踪拍摄了她们班的一个孩子皓皓。通过一天的拍摄，倪老师发现，皓皓不想来幼儿园的理由其实是产生了升班焦虑。他一直哭喊着"少吃点饭，不想睡觉。"这其实是他在用找理由的方式来表达自己的一种焦虑。当然，倪老师也在不断地思考，遇到这样的孩子，作为教师，是应该及时安慰，还是什么都不做，她将继续跟踪研究。而倪老师这种自主自发的行为，正是她发现儿童的一种表现，因为发现，所以好奇；因为发现，才会不断地激发她们这些成熟教师的专业自觉，去主动观察儿童，走近儿童。

（三）骨干教师——压任务、搭平台、扬个性

骨干教师是队伍建设中的塔尖人物，对他们的打造尤为重要，是一项长期且艰巨的过程。因此，骨干教师的培养要在稳扎稳打的基础上搭建平台，设置任务，让她们在任务驱动中张扬个性，主动地研究儿童，读懂儿童。

任务一：骨干大讲堂——设定讲座主题，鼓励骨干教师围绕主题开展专题讲座，为全体教师提供自己宝贵的经验，发挥辐射引领的作用。

骨干教师刘老师，一直会去研究孩子，不停地与自己对话，"我的孩子走到了哪里？他们需要什么？"2019年，当她带的这批大班孩子即将毕业时，她不禁思考，毕业典礼真正留在孩子心里的应该是什么，孩子需要的是怎样的一场毕业典礼，他们最在意的是什么，最放不下的是什么，最渴望用怎样的方式来纪念，能否由孩子们自己来策划、分工、设计，真正呈现一场属于孩子的毕业典礼。于是，刘老师真的放手让孩子们自己去策划了，但各种各样的问题也就接踵而来，层出不穷。在倾听了孩子们的问题和对毕业典礼的想法后，刘老师让他们根据自己的兴趣，自愿组成了几个筹备小组。设计组的孩子们共同完成了场地设计图，宣传组的孩子们一起制作了典礼大海报，每一个人在毕业典礼的筹备过程中都很重要。孩子们还用分工合作的方式，共同制作了31

份邀请函。最终一场属于孩子自己的毕业典礼顺利举行了,而留给刘老师的是对大班孩子更为清晰的了解。因为在整个过程中,她看到了孩子们的问题解决能力、分工合作、友好交往、坚持不懈⋯⋯为未来做好了充分准备。每一个孩子全情投入,每一个家长全力支持,同时伴随着刘老师对孩子的了解,或许以后每一次的毕业典礼,她都会带给我们新的惊喜,和一个个不一样的毕业故事。

任务二:引领时空——为骨干教师搭建平台,鼓励他们争取机会,率先在园内向全体教师开放个别化学习活动、优秀教学活动等,使优秀的教师脱颖而出。

任务三:信息直通车——这个平台可以让外出培训的骨干教师将所接收到的最新信息带回幼儿园,通过分享交流的形式,辐射全园,达到信息资源共享。

任务四:实践总动员——根据每学期的培训或比赛任务,拟定成任务单,张贴在幼儿园的公示栏内,鼓励骨干教师结合自己的特长,自主报名,承担各项任务,不以统一指派、一人独当的方式来推进,使每位骨干真正做到"动起来",在不同的平台上展现自我,提速成长。如骨干们承接了园内市级课题的研究,围绕幼儿园的特色,以幼儿自主选择能力培养作为切入口,寻求可供幼儿自主选择的课程模式以及特色活动范式。将自主选择能力的培养融入进基础课程,提炼出课程实践范式应用于四大板块中的实施方式与操作要点,如"乐智小天地""游戏世博园""运动嘉年华""小鬼来当家"等特色活动,让幼儿能充分获得自主选择的权利与机会,促进其自主能力的发展,并形成青苹果幼儿园课程实施方案的 2.0 版本。

 三 科研——推动每一个

随着幼儿园的不断发展,教师队伍逐步走向规范有效、均衡优质。那么如何探索出一条更具特色的园本化课程建设之路,是我们一直在思考的问题。此时,我们坚信立足本园实际,用科研视角引领幼儿园工作,以问题为抓手开展课题研究,多种组合、多种样态,从而完善园本课程,是当下必经之路,也是强园之策。

（一）设立科研部,完善机制,变思维方式

为了提升科研软实力,广纳贤才,科研负责人由原先一人增加到三人,合力形成科研部。那么如何让三个和尚有水喝呢？首先,强组织保障。建立课题领导小组,园长亲率,科研部长协作,定期召开科研部核心例会,采取抽屉式汇报强化成果意识,逐步形成科研部门的管理组织模式。其次,推运作机制。我们建立了课题研究运作管理网络,成立了核心研究组、实施保障组、家长资源组。在专家定期的指导帮助下,在家长资源组的协同参与下,以核心研究组为先导,以实施保障组为中心,以全园所有班级教师为实施主体,形成循环式自传的课题研究运作管理网络,职责分工明确,确保了课题研究的深入。每项课题主要研究人员人手一档,将研究过程记录留档,最终梳理成果,并书面梳理课题组研究动态,张贴上墙,让全园所有教师都能及时了解研究信息,便于实践。

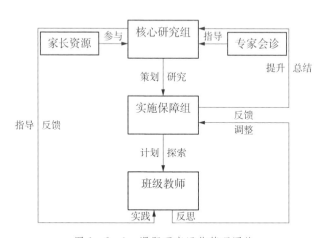

图1-2-1　课题研究运作管理网络

通过完善各项机制,以科研为抓手,逐步实现教育科研神秘化向大众化转变,从理论向实践科研转变。在这个过程中,我们发现教师的思维方式逐步在改变,从"经验总结"向"科学论证"的思维进行转型,从以往单纯写教研论文向全面提高教育教学质量转变。更多的教师愿意走进科研,撰写的征文、案例获奖不断,科研提供给了教师历练的机会,改变了教师一贯的思维方式,使教师的思维更严谨,更富有逻辑性,进而以专业的视角和思维方式提升自身的教学品质。善于思考的教师常常对课程实施提出自己的想法,这些建议从来不会被忽视,每一年都会根据教师对课程实施意见反馈不断对课程进行调整、丰富,形成了动态、多元、生成性的课程实践模型。

(二) 条线全浸润,全面开花,促内涵发展

随着幼儿园的提速发展,幼儿园各部门的工作也常常遇到瓶颈,如何利用科研视角来推动各条线工作,从而为形成更具特色的青品课程而合力呢? 我们采取了科研部一人浸润一条线的方法,将问题转化成课题研究,衍生出新的生命力。

科研部王老师参与了家教保健的联合市级课题"医教结合,家园共育——促进幼儿均衡膳食的策略研究",在开展"把不爱变最爱"主题研讨中,研究孩子不爱吃的食物,各部门分工明确,保健团队研究营养膳食搭配,教师团队研究食育的教学活动,家教部为家长推广《宝宝不爱吃饭》家长操作手册,推出了《不爱变最爱》幼儿膳食菜谱及每日给家长晚餐建议指导,让家长有均衡幼儿一日膳食结构的意识。在之后的成果梳理时,王老师也是全程浸润,最终此成果获得宝山区第十四届科研成果二等奖。

有了科研部教师的全程浸润和指导,各条线课题的教师都高效完成了各自的研究,并高质量地完成了结题工作,打破了各条线工作的瓶颈,推动了特色的落地、内涵的发展。通过此举措我们发现各条线的市区级课题立项增多,多项成果获市区级等第奖。

可见,以科研为抓手是幼儿园立园之本、兴园之策、强园之路,我们需要不断加强

学习、更新观念、立足实际、勇于探究、积极反思,这样才能真知者真行,真行者真知,更直面幼儿园课程建设的关键与瓶颈,通过课题研究使幼儿园发展中的问题得到解决,助推幼儿园品质发展。

类别	课题名称	所属部门	科研部
市级课题	《以数字化教育赋能立德树人的实践研究》	党建、信息	刘老师
市级课题	《"医+家+园"三方联动:应对"突发事件"的幼儿心理干预机制建构与运作的实践研究》	保健、家教	王老师
市级课题	《以党员工作室为载体,提升青年教师思想政治素质的实践研究》	党建	刘老师
市级课题	《医教结合,家园共育——促进幼儿均衡膳食的策略研究》	保健、家教	王老师
市级课题	《区域馆校合作背景下的幼儿园红色文化教育实践研究》	保教	刘老师

(三)推青品课程,理念升华,重赋权赋能

随着市级课题"凸显幼儿自主选择特色课程范式的实践研究"结题,两本专著《自主,成就孩子的未来》《自主,让学习真实发生》的出版,幼儿园园本课程也在不断迭代,逐步形成聚焦幼儿自主发展的特色"青品"课程。"青品"课程聚焦儿童经验的获得,不以技能的培养和知识的获得为目的,让幼儿可以在活动中试错获得经验。同时寻求多元实施路径,拓展"自主教育"内容与时空范围,以"自主提出、自愿结伴、自主策划、自主实施、自由分享"为实施路径,结合共同性课程、节日、春秋游等幼儿、家长、教师共同参与的方式,将周边社会资源及更大范围的资源整合利用,让有不同差异的幼儿都有发展的可能。

1. 优化课程实施,明确"青品"课程特色

为了架构一套完整的园本课程评价体系,对教师观察、识别和有效评价幼儿起到

一定的支持性力度,幼儿园又申报了市级课题"聚焦幼儿自主发展:园本课程评价的实践研究"。通过课题的研究,研制出指向幼儿自主发展的评价指标,开发以幼儿、教师、家长为主体的多方评价方法,提炼了大量的典型评价案例。在完成市级课题结题工作的同时,出版了《赋一份"自主",启无限"可能"——聚焦幼儿自主发展的园本课程评价》一书。慢慢地在青品课程中衍生出更多赋权赋能给幼儿的活动样态,比如"小 Q 看现场""小 Q 议事会""幼代会"等。

其中,每年一届的幼代会是全体儿童的盛会,孩子们会自己设计会徽,讨论提案,商讨代表,布置会场,参与讨论,神圣而庄严地履行着自己的权利。2019 年幼代会结束后,在中环园大修中,一个由孩子们自己设计的滑滑梯产生了。2021 年幼代会结束后,在欧泊园的环境中,留下了毕业班孩子的踪迹。2022 年幼代会结束后,梧桐园的小班教室也有了通向操场的门,孩子们的想法正在一步步实现。正因为我们不断赋予幼儿自主选择的权利,自主发展的空间,为幼儿提供开会讨论的平台,满足幼儿需要,才会在幼代会中涌现出各种孩子们的问题、思考和对话。孩子们在幼代会活动中是策划者、参与者,背后折射出孩子们独立自主的价值意义,看出我们的青品课程赋予孩子们的权利,让他们更加自主地去做自己想做的事情。

2. 深挖课程内涵,明确"青品"课程理念

一次次课题研究,一本本专著出版,引发我们不断分析本园的优势资源、办园基础。我们需要不断挖掘课程内涵,剖析自主教育本质,厘清对育人目标的定位,在发展需要的前提下更优质有效地促进幼儿园发展。那么我们要培养怎样的幼儿? 从我们幼儿园毕业的幼儿要有怎样的特质? 幼儿园究竟如何培养这样的人? 在反复思考中,我们继续用科研视角迭代课程理念,明确了"亲历体验,个性表达,活力成长"的课程理念,重视每一位幼儿的成长过程,给予理解和支持,让幼儿走进社会,懂得生活,提升其生命活动的质量,赋予幼儿持续成长的生命活力。同时,尊重每一位幼儿的个性规律,使得其在和谐、自主的环境中获得全面发展。

四　文化——熏陶每一个

　　十余年来,我们的青品课程究竟积淀了什么,我想应该是一场场沉淀研究、不断亮相的经历;是一串串"自信生活,自主探索,自由表现"的特色活动;是一个个"自主、自力、自信、自强"的有"四自"品质的现代活力儿童;是一批"我要、我思、我行、我乐"的有"四我"素养的品质教师团队。这些凝聚在一起积淀成"青出于蓝,生发成长"的校园文化,并通过凝练、趋同让文化成为内驱力,这样的校园文化对儿童来说就是隐性的课程,卓越的文化氛围和青品精神也起到润物细无声的育人效能,熏陶着幼儿园里的每一个幼儿。

(一)根植文化内涵,弘扬青品精神

　　文化是集体身份的认同,青苹果人在十年探索中,共同迭代了"青出于蓝,生发成长"的校园文化理念。生发出两层具体含义:第一层含义是青苹果幼儿园的名称首字,虽青涩但活力满满,正青春而蓬勃成长;第二层含义源于《荀子·劝学》中的一句话,"青,取之于蓝,而青于蓝。"意思是靛青是从蓼蓝提炼出来的,寓意青苹果幼儿园具有自主内生、人才辈出、追求卓越、不断创新的精神风貌。

　　同时,我们的教师也逐步形成了团结凝聚、生发、竞争、活力、成长的氛围,成为我们青品课程的软实力,还生发了"青品"文化的传递价值,它是理念、质量、专业的传递,展现了青苹果人源源不断的生长力量与生命活力。在"传递"文化中,以1传递N的形式,通过传递理念,传递课程,传递专业,从而让一园三部大体量的幼儿园获得质量均衡。

(二)品牌标识设计,演绎青品形象

　　品牌标识是文化的可视化演绎,我园集教师、幼儿、家长智慧的结晶,设计出包括

园标 LOGO、园歌、吉祥物等标识体系,展现自主的精神,在幼儿园冠名意义的不断讨论中,明晰青品的意义,通过发函致敬员工,设计物品文化标签和赠幼儿印标礼物等,使文化形象深入人心,落地生根。

正是这一次为幼儿园设计园标的活动,引发了幼儿为自己班级设计班牌和为幼儿园中最弱势的一个小群体(阳光宝宝班)设计班标的想法。孩子们设计出了许多作品,最后投票选出一副"插着翅膀的爱心"的班牌挂在阳光宝宝班,他们认为"爱心"象征了对阳光宝宝的爱,"翅膀"是希望阳光宝宝们能在幼儿园快乐成长。这样一次活动能看出孩子们对阳光宝宝班的接纳、包容,长期融合活动对两者之间的相互影响,普通班孩子会关爱阳光宝宝班的孩子,阳光宝宝班的孩子融合在普通班活动中也能更加快乐地生活和学习,达到普特相融真正的意义。后来在大班主题"我自己"的个别化学习活动中,孩子们衍生了为阳光宝宝班走路不便的孩子制作轮椅的想法,当他们觉得做得差不多了,就会在小 Q 分享会与其他同伴一同分享自己的想法,听取他人的意见。在讨论时,有孩子提出了问题,"天越来越热了,坐在上面很晒的。"制作组开始自我反思和调整,增加一个遮阳篷。在制作的过程中,新的问题又产生了,"如果能做可以自动伸缩的遮阳篷该有多好。"孩子们在不断地思考问题,自我反思,调整行为,而教师在这个过程中更多是重分享和支持。可见,草木因阳光雨露而茂盛,幼儿园因文化浸润而久远。

(三)凝练理念思想,展现青品风貌

从最初的"创自主教育文化,育能干小主人"的办园理念到现在的"赋一份自主,启无限可能;敬个性差异,焕生命活力"的办园理念,不变的是自主教育的核心,变的是理念的前瞻性和全面性。办园理念不仅仅是针对幼儿,更是面向幼儿园的全体教职工,在幼儿园的每一位保安、每一位保育员、每一位营养员、每一位保健员都是幼儿园的一分子,大家合力去赋予幼儿自主选择的权利、自主生活的环境、自主发展的空间,满足幼儿需要,关怀幼儿生命,呵护幼儿成长;去启迪幼儿与教师不断探究、创造和成长,充分发挥积极性、主动性、创造性,使幼儿与教师的内在生命潜能具有无限伸展的可能,在和谐、自主的环境中获得全面发展;去焕发每一位幼儿、每一位教师的生命活力,尊重生命之"青",启蒙自主之"品",培育快乐之"果"。重视每一位幼儿的成长过程,提升其生命活动的质量,焕发幼儿持续成长的生命活力。

在一次华东师大"师幼互动自评"项目研究团队来我园拍摄师幼互动现场的交流互动过程中,华东师大教授对两个片段感悟特别深刻,一个片段是孩子们整队回教室的路上,遇见了正在打扫的保育员,孩子们热情地跟保育员打招呼,并说道:"妈妈老师,辛苦了。"妈妈老师微笑着并轻轻地说了声:"不辛苦! 这样,你们才能更健康。"另一片段是小班孩子在户外自主游戏时,想在泥地上挖个坑,把自己捡到的宝贝放进去。但是孩子们的力气太小了,挖了很久,坑还是很小,于是孩子们请来幼儿园的"男神"保安叔叔来帮忙。保安叔叔来后问:"你们想挖多大的坑?"孩子们带着保安叔叔找到了他们想挖的地方,并用手描绘了一下坑的大小。"好的。"话音刚落,叔叔就开挖了,不一会儿,一个孩子们满意的坑就挖出来了。孩子们围绕着保安叔叔,拉着叔叔手说道:"叔叔,你真棒!""叔叔,你真厉害"。两个片段让华东师大的教授感受到,正是我们倡导的自主文化和理念,才能让幼儿园里的每一个人支持着幼儿的活动,为幼儿成长付出努力。

校园文化之于一所幼儿园的意义,犹如灵魂之于生命,思想之于人类。文化是贯穿一所幼儿园发展始终的精神,是传统发展沉淀下来的精粹,是幼儿园求生存、促发展的底蕴所在。

第三节　我们期待的青苹果

伴随着办园规模的不断扩大,课程内涵的不断深化,我们越来越看到青苹果幼儿园展露出的理想风貌。在十数年探索中,我们也在不断自我叩问,我们到底想办一所怎样的幼儿园? 我们希望培养出怎样的孩子? 我们倡导的"自主"是怎样的"自主"? 我们怎样集合家园社的力量协同发展? 创造始于问题,伴随着对问题的思考,我们一起构建所期待的青苹果蓝图。

 我们想办怎样的幼儿园

时光之河入海流,在一轮轮教育改革的浪潮中,我们始终坚持在探索中前进,在时代发展的潮流中发展。但有一个问题一直萦绕在我们心头,仿佛每一个阶段都有不同的思考,而这种思考,历久弥新。

(一) 最初建园时,我们自问:我们想办怎样的幼儿园?

还记得建园时,周边的家长告诉我们:"公办幼儿园都不教什么学科知识,没有民办幼儿园教得多,你们能不能多教一点?"开发商告诉我们:"咱们的幼儿园能不能像日本的幼儿园一样,培养出能对让行车辆主动鞠躬致谢的小朋友?"也有老师担忧着:"每次我看到小朋友都是爷爷奶奶抱着、推着童车来幼儿园,双脚都不沾地,我们能不能多培养小朋友的生活自理能力?"要办一所怎样的幼儿园,我们听到了来自方方面面的想法。

犹记得那一场全园教师参与的思辨与讨论,所有人围坐在一起,不同的脸庞焕发出同一种憧憬与向往,那是对理想中的幼儿园的勾勒。

年轻的夏老师说:"我们希望我们的幼儿园,当然是一所好的幼儿园!""可是,什么才叫'好'呢?"刚刚入行的焦老师困惑着。"我觉得我们现在有教室、有操场、有滑滑梯,这不就挺好的吗?"旁边的金老师笑了:"这只能说,我们的设施设备这些'硬件'是符合办园规范的,但是我们的'软件'呢? 一个幼儿园有了人,才能有生命力。""所以,我们要想的是'人'的问题。"焦老师赞同地点点头。听到这,教龄最长的杨老师也加入了讨论:"是呀,我希望我们老师、小朋友在幼儿园里是自由自在的,就像在家里一样。"

"自由自在""像在家里一样"这样的描述让教师们一下子有了画面感,大家纷纷畅想着一个自由、自主的幼儿园该有的样子。听了大家的想法,我说:"自主发展是一个人最根本的发展方式,希望我们的幼儿园能有自主教育的文化氛围,让每个孩子都能成为能干的'小主人'"。

伴随着对这个问题的思考与自答,我们凝练确立了"创自主教育文化,育能干小主人"的办园理念,在这种理念下,创设一种追求、崇尚"主动、独立、健康、责任、能力"的幼儿园文化,面向全体孩子,以孩子的健康发展为本,创设具有宽松、民主、自由的校园环境,实施自主教育,培养能干的"小主人"。

（二）三部落成时,我们再问:我们想办怎样的幼儿园?

从一个园部拓展到三个园部,从一所新建园发展到市一级园、区示范园,在教育浪潮不断翻涌,教育改革不断推进的同时,我们对于这个问题的叩问也如声声洪钟,回响心头。

难以忘记在一次分享会中,我们共同读到了杜威在 1915 年写下的话:"儿童变成了太阳,教育的各种措施围绕这个中心旋转;儿童是中心,教育的各种措施围绕着他们而组织起来。"在办园理念的引领下,我们一直致力于自主教育文化的建设及支持幼儿自主发展的实践,坚守"儿童立场"正成为我们越来越清晰的共识和方向。

然而,随着实践不断深入,理念不断更新,我们也开始反问自己,"自主教育有了文化氛围就够了吗?""'小主人'是每个孩子都要达成的终极目标吗?""自主教育到底要给孩子们什么呢?"

这让我们逐渐发现原有的办园理念已经无法完全承载教育更深层次的追求,而自主教育文化也在多年探索中呈现出崭新的生命力。在多年实践探索中,我们始终以儿童为先,尊重幼儿生命成长最初的稚真,启迪幼儿自主发展的良好品性,使每个幼儿拥有富有个性的成长经历,焕发幼儿持续成长的生命活力。

基于此,我们将办园理念更新为"赋一份'自主',启无限'可能',焕发每位幼儿的生命活力"。

我们希望赋予幼儿自主选择的权利、自主生活的环境、自主发展的空间,满足幼儿需要,关怀幼儿生命,呵护幼儿成长;赋予教师自主学习的土壤,构建人本化的队伍培养机制,打造品质教师团队;赋予校园文化自主生长的内涵,架构"统整协调与灵活自主相结合"的民主管理机制,推进幼儿园持续创新发展。同时启迪幼儿不断探究、创造和成长,充分发挥积极性、主动性、创造性,使幼儿内在生命潜能具有无限伸展的可能,在和谐、自主的环境中获得全面发展,实现焕发每一位幼儿的生命活力,重视每一位幼儿的成长过程,提升其生命活动的质量。

在高质量办园的呼唤中,我们也在不断生长,让优质不设限。然而面对一园三部的大体量,如何做到多园所领航,优质均衡发展? 我们也有自己的思考。

● 尊重"人众"——优化"分合",变独干为合作

当一个人干不了时,那就一群人一起干。我们"分合"管理架构,让人人都有机会

管理,当教师从被管理者向管理者身份转变时,其中蕴含的是共情、是理解。同时我们"分合"教研模式,将大小教研结合开展,减少教师往返路途消耗。再来我们"分合"项目管理,根据不同研究项目进行分合管理,合起来协商方向,分开来自主讨论,通过每月汇报、年终述职把握项目全貌。

- 立足"人文"——立足"需求",变被动为主动

我们不断打造"青出于蓝,生发成长"的"青品"团队文化。根据教师需求,支持教师以自己的方式在工作中融汇文化;根据部门管理者需求,支持部门管理者生发适宜的管理举措。同时通过了解教师即时教研的需要,聚焦问题的需要,了解儿童的需要和平等对话的需要,进行基于平等关系下的新型教研转型,以多种组合促使团队均衡优质。

- 依靠"人人"——薪火相传,生生不息

每一个人都是青苹果大家庭中重要的一分子,然而每一个人又有其独特的经验、需求。为了进一步做到质量均衡,我们充分赋权教师,让教师传递自己的经验,从而实现质量均衡。同时也以班班结对联盟,成熟园一班带教一班的多种方式进行托底,促使三园整体均衡,生生不息。

(三) 如今,我们仍然要问:我们想办怎样的幼儿园?

一路走到今天,我们成为了上海市市级示范幼儿园,但这不是我们的终点,这是我们新的起点。勇立潮头,我们始终不忘,为民族育人,为国家育人,为未来育人的理想与使命。在《中华人民共和国学前教育法(草案)》出台后,我们看到了在"培育社会主义核心价值观,促进儿童德智体美劳全面发展,为培养担当民族复兴大任的时代新人奠定基础"的目标下,自主教育的价值与意义,这也使我们更加坚定我们的选择。

在 2023 年的教代会上,我们又坐在了一起,不同的场地、不同的人,却讨论着相同的问题——我们想办怎样的幼儿园。

"我觉得我在幼儿园里工作很畅快,能够说自己真实的想法,不会因为害怕说错而不敢说,这也是一种文化的自主吧。"2023年新入职的冯老师说。"对,在孩子们身上我也有同样的感受,我们班级的孩子常常会跟我提出自己的想法,无论多么不可思议,我们都会一起讨论,有时候园长还会一起参与,孩子们的想法就在这个过程中变成了现实。"一旁的蕾蕾老师接着说。已经成为副园长的焦老师提出问题:"可是每个孩子的想法都是相同的吗? 或者说每个孩子都能达成共识吗? 注意哦,我说的是每一个。"蕾蕾老师陷入了思考。

关于"每一个"的问题,引起了大家的关注。自主,一定是极富个性的事情,一定是"每一个"孩子的自主。

同时,我们更加希望能为儿童"赋能",这是对儿童权利的尊重,更是一种权利的赋予。"能"是一种机会,尽可能创造儿童参与的机会;"能"也是一种意义的存在,让儿童的生活有意义;"能"还是一种多元潜能,发现成长的支持,促进每一个孩子的生长能力。

 我们想培养怎样的孩子

在对"办一所怎样的幼儿园"的思考中,我们无法回避的还有另一个问题,那就是我们想培养怎样的孩子? 对于这两个问题的思考与回答,往往是相互影响、相互印证的。在办园理念不断更迭的过程中,我们对培养目标的定位也在不断更新。

(一) 1.0关键词:自主能干的小主人

在2010年建园之初,我们依据"创自主教育文化,育能干小主人"的办园理念,以《幼儿园教育指导纲要》《上海市学前教育指南》为依据,以幼儿自主能力的培养为特色,促进幼儿健康水平以及情感、态度、认知能力等方面发展,使幼儿成为健康活泼、好奇探究、文明乐群、亲近自然、爱护环境、勇敢自信,有初步责任感及独立自主、大胆自信的儿童,从而提出了这样一种培养目标——培养一群能"自信生活,自主探索,自由表现"的自主能干的小主人,为后继学习和终身发展提供有益的基础。

在培养目标的指引下,我们设置了特色项目,力求以各种形式将自主能力的培养融入共同性课程之中,同时深化自主表演,如每天十分钟的精灵 PK,每月半小时的精灵小舞台,每年半天的精灵故事表演艺术节等。

(二) 2.0 关键词:全面和谐发展的幼儿

随着《3—6 岁儿童学习与发展指南》出台,我们能够更加具体地勾勒出青苹果的孩子们该是何种精神风貌。于是,我们将培养目标进一步细化,确立"尊重幼儿个性规律,关注幼儿发展需要,培育幼儿自主自信"为目标取向,依旧以幼儿自主能力的培养为特色内容,进一步扩充了"自主探索、自由表现、自信生活"的内涵,提出培养健康会生活、文明又自主、好奇能探索、自信善表达全面和谐发展的幼儿,同时对具体目标做了说明。

● 身心健康,在共同生活中能体验人与人相互关爱的快乐,形成大都市幼儿良好的生活品质、自主生活能力及乐观自信的生活态度。

● 养成讲文明、守礼仪的社会生活习惯,形成良好的自我意识和主体意识,有初步的问题解决能力及与同伴合作解决问题的能力。

● 在亲近自然和社会的过程中形成问题意识,好奇好问,养成遇到困难或问题时会提问并乐于自主探究的习惯,初步了解人与环境的依存关系,有认识和探索的兴趣。

● 积极运动,增强体质,提高运动能力和行动的安全性。

● 初步接触多元文化,能发现和感受生活中的美,萌发审美情趣。

● 能善于发现并感受生活中的美,理解别人的表达,在不同的场合将自己的观点、想法大胆自信地表达表现。

在培养目标的指引下,我们将自主能力的培养融入了共同性课程和选择性课程中,在游戏、学习、生活、运动四大板块中渗透拓展了"游戏世博园""乐智小天地""小鬼来当家""运动嘉年华"等特色活动。同时,开设了"苹果派""小当家童盟会""潮童天下拓展营""青苹果自主文化节",为幼儿创设了多元自主能力培养的机会,推进幼儿自主能力的培养。

(三) 3.0 关键词:"四自"品质儿童

"自信生活、自主探究、自由表现"的自主能干的小主人,是我们对青苹果孩子的期许,也是我们青苹果人投身教育的方向。但同时随着办园理念的不断更迭,"完整儿童"的儿童发展理念也让我们深思,幼儿培养落脚在这三方面就足够了吗?"自主教育"的背后蕴含着怎样的期望?从《幼儿园保育教育质量评估指南》出发,结合我园更新的办园理念,我们认为幼儿培养目标也应再次更新——培养具有"自主、自立、自信、自强"的"四自"品质的现代活力儿童。

我们依旧以幼儿自主能力的培养为特色,培养具有全面和谐发展的"四自"品质儿童,为后继学习和终身发展提供有益的基础,从而为培养社会主义接班人做准备,同时我们也对"四自"的内涵做了相应解读。

● 愿自主:愿意自己的事情自己做,能够主动参与班级事务,有积极参与的态度,把自己当作活动的主人,敢于提出自己的见解,主动寻找解决问题的方法,形成良好的自我意识和主体意识,具有主动性、积极性、独立性。

● 能自力:能做自己力所能及的事情,愿意尽自己的力量完成某件事,具有生活自理能力和独立生活的能力,有自我服务精神和独立精神,形成大都市幼儿良好的品质、能力及态度。

● 有自信:自己相信自己,有乐观自信的生活态度和初步的责任感。乐于参加各种活动,大胆尝试,在不同的场合自信地表达自己的观点、想法,具有一定的想象力和创造力。

● 当自强：自己努力向上，遇到挫折能够自我调适，能够正确对待困难，积极克服困难，有问题意识，好奇好问，养成遇到困难或问题时会提问并乐于自主探究的习惯，不断提升和完善自己。

以"四自"品质儿童为培养目标，我们一是创设了以"自主选择"为切入口融入共同性课程的活动；二是创设了专门性活动，以两类课程活动共同助推幼儿发展。

同时我们始终坚持社会主义办园方向，践行为党育人、为国育才使命。在遵循幼儿年龄特点的基础上，我们认为"激发家乡情、孕育民族魂、根植中国心"是重中之重。由此，我们将"小Q博物馆"演变成"红色'无界'博物馆"，从"革命传统"与"中国传统文化"中挑选出与幼儿经验相接近，符合幼儿年龄特点，幼儿喜闻乐见的内容，为幼儿提供参与体验、主动探索、自我建构的机会，也以奋斗拼搏、无私奉献等红色精神启迪幼儿，促进幼儿养成无畏挫折、独立自主等优秀品质，为其可持续发展打下基础。

 我们怎样认识"自主"

"自主"是什么？从已有理论研究来看，苏联心理学家科恩认为自主有两个标准：一是相对于外在强制的自由、独立及自主支配的权利；二是相对于客观现实可以合理行使自身的选择权利[1]。希尔与霍姆贝克认为自主性是由个体在行为、情感及认知自主这三方面的独立与自主所构成[2]。诚然，在理论研究方面，从古至今的学者都提出了很多对于"自主"的见解，而在青苹果幼儿园中的"自主"又是怎样的呢？我们对于"自主"的认识又发生了哪些改变呢？

---

[1] 科恩.自我论[M].佟景韩，范国恩，许宏治，译.北京：生活·读书·新知三联书店，1986.

[2] Greenberger, E. Defining psychosocial maturityy in adolescence. Advances in Child Behaviorial Analysis & Therapy, 1984.03.

（一）自主是自己的事情自己做

"我觉得'自主'对于小朋友来说就是自己能做想做的事情。""可是有些不想做的事情孩子们也要学着去做。""对，我们的自主不是自由，是有规则的，是自律的。""特别是对于小年龄的孩子来说，他们可能还没形成自己的思考、观点，但是可以先从自己的一日生活开始，自己的事情自己做。"

这部分谈话是教师们最初对于"自主"的理解，我们觉得自主教育的第一步应该从幼儿尝试自己的事情自己做开始，要把属于幼儿的生活还给幼儿，尽量减少成人的干预。同时面对建园初期，祖辈教养居多，包办代替严重的情况，我们认为自主首要的体现就是让孩子尝试自己的事情自己做，小孩子也有小孩子能做的事，在一日活动中让幼儿尝试做力所能及的事情。我们可以看看哪些是孩子愿意做并能做的事，哪些是想做却做不了的事，哪些是孩子不愿做的事情，支持幼儿在经历事情和事件中获得成长。

（二）自主是能选择自己想做的事

随着课程不断深化发展，在看到越来越多的孩子能自己做力所能及的事情时，我们又进行了再一次思维碰撞。

"孩子有自理能力了，但是自理和自主好像不是一回事。""有些事情是家长让孩子做的，有些是老师让孩子做的，那孩子明白自己想做什么吗？""我们是不是可以在一日生活给孩子更多选择的可能？以此来激发孩子的自主性。""而且我们要从孩子为自己作主的选择中看到孩子的需要，这是很重要的。""我觉得我们作为老师，应该充分尊重孩子的想法，特别是遇到他们在选择面前踌躇的时候，要更加愿意等待。"

至此，我们认为"自己的事情自己做"已经不能涵盖"自主"的意义了，在研究中我们也发现，自主选择能力是幼儿自主能力的关键之一，要培养幼儿的自主选择能力，就需要在课程实施中提供多元选择和多种样态，把幼儿自主选择融入幼儿园一日活动之中,不断地支持幼儿自主经历、自主选择、自主建构,让"自主"成为一种常态。

(三) 自主是有权利主动做自己想做的事

实践自主的过程中,我们常思常新,当自主选择成为一种常态后,我们又讨论了以下这些问题:

"作为老师,我们是不是真正愿意俯下身倾听、接纳幼儿最真实的感受和体验?""很多时候,幼儿自主选择了,但是他们真正有权利去做他们选择的事情吗?""我还是感觉在生活中,有的孩子会以老师为风向标,明明是自己想做的事,但还是要看看老师的意思,我们真的有支持孩子大胆表达自己真实想法吗?""还有很重要的一点是,是不是每个老师都相信孩子是有能力的,坚信他们的行为背后一定有他们的想法?"

随着教育形势的发展及办园理念的诠释迭代,在这一阶段,我们发现孩子自主能力的发展更加需要赋权,以此进一步激发孩子的内驱力。抓住"自主教育"的"关键点",重视为幼儿赋权赋能,不仅是形式上的赋权,还要思考如何真正做到自主赋权。伴随着思考,我们坚持"儿童优先、儿童平等、儿童参与"三大原则,给幼儿充分表达自己对活动主张的机会,将幼儿纳入幼儿园环境、课程建设的全过程。

(四) 自主是能在评价反思中不断发展

在前期实践的基础上,我们又开始了不断反思。

"幼儿遇到问题时是否愿意和老师分享,而老师是否会给他们适宜的支持?""孩子自己会评价自己的行为吗?""这种评价对孩子来说是有意义的吗?""毋庸置疑,其实在我们的一日生活中充满了孩子的自我评价和同伴评价,并且孩子们真的会根据反思和意见来不断调整自己的行为。""是的,在评价反思中发展,这就是自主的更高境界。"

在这个阶段,我们更加从自主中感受到,教师需要尊重每一个幼儿的需要,此时评价的意义就体现了出来,因为在评价中可以看到孩子不同需要,激发更多的反思。同时我们认为自主教育更应该是师幼共建、双向奔赴的过程,满足幼儿自主需要的改进与优化,在过程中实现师幼共同反思、共同成长。

如今,我们对于"自主"的思考并未停止,我们认为"自主"更应该关注以下三对"关系"。

● 幼儿自主与育人方式之间的关系——自主教育需要相信文化

一直以来每一位教师都觉得自己很爱孩子,但我们需要思考的是爱的方式,是用自己喜欢的方式,以为对的方式让孩子走向我们,还是用孩子喜欢的、需要的方式走向孩子;我们教师的定位是引导、带领、塑造、教导,还是跟随、支持、激发、协助;我们的课程是基于孩子稚嫩的、不会的、不懂的、白纸一样的存在,还是基于孩子是有力量、会学习、善思考、能独立的人。对于这些问题的回答我们已经了然,"自主"更加需要"相信"。

● 幼儿自主与教育支持之间关系——自主教育需要师幼共建

在倡导"幼儿发展优先"的当前,更要思考我们的教育支持,我们从尝试放手让孩子自主,走到充分退后给孩子赋权,再到今天思考在自主的目标面前教育支持的作用。我们更加认为自主不是全然地"撒手不管",而应该是在观察、了解后的师幼共建,更应该蕴含教育的目的与真意。

● 幼儿自主与规则规范之间的关系——自主教育需要自我约束

曾经我们以为,自主是孩子能选择自己想做的事,但如今,我们更认为,自主是孩子能选择自己不做的事。我们所崇尚的自主,从来就不是放任自流,而是在自律之下的自主。我们始终认为,一个真正自主的人一定是懂得自我约束的人,"君子有所为有所不为",当真正懂得何以不为时,便是自主的体现。

四 我们怎样协同发展?

幼儿园高质量发展的今天,离不开家庭、社区的协同力量,面对这个问题,我们利用家委会、家长沙龙、社会实践活动等机会，与家长、居委代表等进行了多次深入交流。

"我们家长其实和幼儿园联系得非常紧密，也非常愿意配合幼儿园的教育工作，但是幼儿园不像小学，有明确的课外作业、社会实践任务等，我们有时也不知道能做些什么。"一位家委会妈妈如是说。"其实，我们幼儿园非常注重孩子的个性化支持，我们每个学期都会和家长一起制定计划书，家长可以结合我们不同的主题活动去进行一些拓展内容。"秦老师回答道。旁边的一位家委会爸爸马上说："这个我知道，有一次我们家大宝回来说最近在研究有用的植物，我们周末的时候就特意带他去了一次菜场，认识了各种各样的蔬菜，我觉得我们家长可以根据不同的主题活动内容，带孩子多出去走走，拓宽视野。"

基于家委会代表的反馈，我们推出了"行走的学习"特色项目，与主题学习相连接，利用周边资源，让家长带领幼儿走出家庭，体验在自然中探寻、在社会中感知，从而自然而然获得经验的学习方式，并期望通过活动，让家长能尊重每一位幼儿的学习速率，理解不同幼儿的个性发展，一步一成长，一人一成长。

在实践过程中，为了能让家长更好地了解和实施"行走的学习"特色项目，我们构建了层层递进、循环运行的"听、走、记、思"活动模式，同时对活动环节的实施流程进行了解析，对操作要点进行了详细说明，从而实现了教师、家长的双向有效链接。我们希望能给予家长"观的基础"，能看懂、易操作、能记忆；能提升家长"察的能力"，从不看到会看，从看见到察见，让家长专业能力提升；能拉近家长"融的状态"，观察方式一致，让家长与教师都逐渐靠近儿童视角，有更多可谈的话题。

以"行走的学习"为媒介，将家庭与幼儿园协同起来，共同为幼儿的可持续发展服务。

在与居委代表的交流中，当谈到社区与幼儿园的协同发展，一位居委代表提到："其实我们社区除了适龄儿童，还有很多0—3岁的儿童，大部分都是祖辈教养，爸爸妈妈虽然比较忙，但对孩子的教育非常上心，常常有居民来问是否有适合小月龄宝宝的社区活动。但是我们社区的力量有限,无法提供比较专业的早教活动,这一点我们比较头疼。"还有一位社区代表说:"我们小区和幼儿园就是一墙之隔,其实很多的社区资源我们是可以共享的,比如我们社区的老年合唱团,可以过节时来给小朋友表演节目,还有我们社区的老党员,可以来给小朋友讲革命故事。同样,小朋友也可以来我们社区体验做小志愿者,比如垃圾分类志愿者、环保志愿者等。"

听了社区代表的想法,我们开展了"社区为我,我为社区,双向共建,协同发展"的系列举措,结合系列主题活动,走进社区。在劳动节时,孩子们为社区擦拭健身器材;在重阳节时,走进社区为社区老人送温暖。同时,我们还定期为周边社区有需要的家长开展公益早教活动。在市教研室托班环境研究项目组的带领下,我们不断思考如何基于"幼儿发展优先"理念,打造托幼一体化的托班环境,仅用50天时间把一个仓库变成一个托班,让托班空间不断成长,实现"幼有善育",为家长提供家门口高质量的托班资源。

对四个问题的思考,呈现了我们对青苹果的期待。我们期待,青苹果能够成为"赋一份'自主',启无限'可能',敬个性差异,焕生命活力"的园所;我们期待,青苹果的孩子能够成为"自主、自力、自信、自强"的"四自"品质的现代活力儿童;我们期待,真正的自主是能在评价反思中获得发展;我们期待,家、园、社能够紧紧围绕儿童发展协力共建。

第二章

青苹果高质量发展的突破口

《幼儿园保育教育质量评估指南》指出：坚持儿童为本，尊重幼儿年龄特点和成长规律，注重幼儿发展的整体性和连续性；坚持保教结合，以游戏为基本活动，有效促进幼儿身心健康发展，实现幼儿园的高质量发展。作为园长我一直在思考当前育人背景下：儿童是什么，课程是什么，质量又是什么？

在长达十年多的行动研究中，从注重充分放手后的尝试做，到注重给予机会后的选择做，到注重赋权赋能后的主动做，再到注重分享支持后的反思做。我们始终认为，有品质的课程是需要思想性。在"赋一份'自主'，启无限'可能'，敬个性差异，焕生命活力"的办园理念下，赋权于全体教工，合力去赋予幼儿自主选择的权利、自主生活的环境、自主发展的空间；满足幼儿需要、关怀幼儿生命、呵护幼儿成长；坚持公益普惠的方向，参与多元项目寻求动态生长。青品课程应该不断回归教育立场、高扬自主本质、彰显教育理性，从而激励青苹果人勇敢坚毅地探寻，逐步让幼儿园走向高质量发展。

第一节　对"三观"的再认识

 对"儿童观"的再认识

伴随着幼儿园办园质量的不断发展，以及教育理念的瞬息万变，我们深刻领会到要想提升课程质量核心的关键还是在人，在于教师对自我儿童观的塑造和内省。在一次次重构和反思中，教师需要不断优化自身教育行为，着力强调"儿童学习旅程"和"教师教育策略"等过程因素以确保过程性质量和对过程性质量的焦点关注，要遵循儿童特点，解决好"幼有善育"和"学有优教"的问题，重视高质量的师幼互动，支持儿童有意义的学习过程。

在青苹果开办的十多年历程中，伴随着高质量课程的发展，教师的儿童观也在悄然发生着变化，我们将儿童视为教育的核心与根本，认为儿童既是幼儿教育的出发点，也是幼儿教育的归宿。在这个过程中，我们也经历着不同阶段对"儿童观"的思考。

（一）阶段一：在尝试放手中认识我们的儿童

2012 年颁布的《幼儿园教师专业标准》中首次提出以"幼儿为本"，与我们"自主教育"的办园理念不谋而合。但是在起始阶段，面对大量不同岗位和非专业的教师，我们该如何以"自主"为抓手，改变以"教师为主体"的观念；又该如何突破教师惯有的思维定势,塑造我们的儿童观?

当我们看到在日常活动中有很多教师的替代行为出现时,我们觉得要真正去认识我们的儿童。我们自问:我们的儿童是怎样的? 他们的能力在哪里? 他们需要什么? 教师建立儿童观的同时,要让幼儿去亲历体验,支持儿童自己的事情尝试着自己去做,在做力所能及事情的过程中看见儿童的能力。于是,我们开启了一次与内心的对话。

薛老师说:"我觉得我们要变成儿童,想想如果是孩子,面对这件事他们想怎么做?"周老师:"我同意薛老师的看法,我们有时会不自主地预设幼儿的行为,这是因为我们的不信任和不了解,因此要真的让孩子自己试一试,做自己能做的事情。"刚实习的小夏老师满眼困惑:"我愿意去相信我们的孩子,可是我想的是该如何做呢?"教研组长杨老师提出想法:"我们可以尝试放手,比如让孩子成为班级的小主人,可以在餐前餐后负责整理,改变由妈妈老师承包的现状;有话题让孩子主动提,有自己的事情自己做的意识。""我也有一个想法……"

伴随着这次对"儿童观"的深入讨论,我们的教师从思到行,在行动中不断从教师预设走向支持儿童,让孩子在放手中发展能力,将思考真正落地。随着思维观念的开放,我们明白只有在放手中教师才会发现一个最真实的儿童,看到了一群"自信生活、自主探索、自由表现"的能干小主人。而一个愿意站在儿童的立场思考的教师,才能发现儿童的可能性,让他们自己的事情自己去做,为他们的发展提供强有力的支持和信任。从教师的"有为"强调充分挖掘"课程"对于智力与认知能力发展的价值,慢慢转变为适时的"无为",这种儿童观的形成有利于孩子获得完整的人格。

我们在惊喜教师的改变和放手的同时,接踵而来的问题是:

1. 到底是形式的放手还是本质的信任? 教师看似放手,但是却没那么相信。

2. 在特殊情境下还是存在着高预设,也有的教师彻底放手,形成两种现象。

（二）阶段二：在充分选择中看见儿童的需要

通过不断放手，我们看见了儿童的能力。在面对接踵而来的新问题时，《3—6岁儿童学习与发展指南》一书犹如及时雨，为我们指明了方向，里面明确提出幼儿园教育实践应以"幼儿发展为本"。从以"幼儿为本"到"幼儿发展为本"，让我们更关注的是儿童的"发展"。

当我们所认为的放手和信任就是对儿童的尊重，就是具备良好的儿童观时，其实却忽略了儿童的需要，缺失了"为什么"这样做的方向目标。于是我们改变了对于"自主"践行的统一性问题，真正去关注每一个孩子的兴趣和需要，从"选择"中了解孩子的需要，我们不断走近儿童，在一日活动中加强观察。在偶尔的一次选择中，我们发现幼儿有各种想法。

在一次游戏活动中，幼儿说："现在的水池太小了，我们想要更大的水池。"他们更需要的是开放的空间。也有的幼儿说："我们要有一个专门的更衣室，玩湿了可以自己换衣服。"他们更需要私密的空间。更有幼儿说："如果沙池和水池可以连起来就更好了，像条小河围着沙滩。"一个玩沙水的小片段，就看见了儿童不同的需要和不同的想法。

当我们看到了儿童的需要，赋予幼儿更多选择的空间时，我们的儿童观就在这场思维变革中再度升华了。

焦老师说："每一个孩子的发展速度是不一样的，不强求每一个孩子都要做到某件事。"全老师说："我们要给每一个孩子选择的权利，他可以选择想要做的事，他所做的就是来自于需要。"夏老师说："比如我们的分享预约站，孩子就可以选择感兴趣的话题一起加入分享。"

"选择"让我们关注到了每一个孩子的需要和发展。现代的教育哲学和儿童发展提出的基本观念是：儿童和成人一样，是充满兴趣、需要、行动愿望的生命体，他需要被倾听、理解和尊重。所以我们要充分尊重儿童文化的特殊性，理解每个儿童与他人的想法是不一样的,我们应尊重每个儿童独特的探究世界的方式。于是,在儿童观的重塑过程中,我们看到了教师真正的信任,也看到了儿童基于需要获得发展的满足。

当然,我们又在过程中不断思考着:我们充分尊重儿童的自主,又如何凸显教师的作用?对于新问题,我们进行了持续的思考和摸索。我想这个过程一定是有"成长价值"的。如果每位教师都在行动中不断思考和追问,那么儿童观就不再是一种概念的获得,而是一场变革中的内化。

(三)阶段三:在动态中解读每一个不同的儿童

党的二十大报告强调:"加快建设高质量教育体系。""我们要办好人民满意的教育,全面贯彻党的教育方针,落实立德树人根本任务,培养德智体美劳全面发展的社会主义建设者和接班人。"并对学校的教育提出"学校教育应注重学生个性发展,因材施教,培养具有创造性和进取精神的人才。"解读其中的关键词不难发现:高质量、全面性、个性化将成为每一个教育者的指引。

江老师的自述:最近我们大二班的孩子们在户外玩木质积木,几乎所有的孩子们都能在一个多小时内搭建出各种有意思的作品,有的是火箭,有的是汽车,有的是城堡。可是,昊昊不一样,他总是拿着两块运动地垫,把它们立起来,变成两个连续的三角(△△),然后躲在里面,和不同的朋友聊天。每次看到他这样,我总想去提醒他:"要不要试试搭个沙发,坐着聊天也很舒服。"但是,我忍住了。在这样的情况持续两周后,我忍不住也钻进了他的三角小屋,昊昊看到我,显然有点愣了。但是随后,我们俩就开始聊起来了,说说自己最喜欢的事情,谈谈自己最喜欢的朋友。通过这次聊天,我知道昊昊喜欢三角小屋,是因为他觉得这个地方非常隐蔽,每次都能且只能和一个朋友说悄悄话,很舒服。听到他这样说,我忽然觉得没有搭建出任何让人惊艳的作品又怎样呢?孩子对于私密空间的需求以及自我的满足,不是一种心智成熟的表现嘛!挺好的!

范梅南说:"教育学是迷恋儿童成长的学问。"无论是《幼儿园教育指导纲要》中提出的五个领域,还是《幼儿园保育教育质量评估指南》中幼儿发展的五个指标,都不是让老师去搞五种教材或者统一量化幼儿,而是在帮助我们去全面地看到每个幼儿,且能看到每个幼儿的独特发展轨迹。

幼儿的个性化发展来源于他们的需求,但是,需求会受到幼儿年龄增长、生活条件和环境的变化等多种因素的影响而产生变化,这种连续性的动态发展过程,就需要我们用动态、整体、发展的教育观念去看待、去应对,可以用弹性且富有变化的教育内容,或是整合多种教育资源,又或是轻松和谐的师生关系,无论怎样的教育方式,都促使我们更全面地去解读每个不同的幼儿。

《中国儿童发展纲要(2021—2023年)》是自20世纪90年代以来我国发布的第四个以十年为期的中国儿童发展纲要。2023年7月上海市托幼和学前教育工作联席会议成员单位联合制定了《全面建设高质量幼儿园的实施意见》。这些文件的出台,说明党和国家始终高度重视儿童事业发展,也促使我们向知识工作者转变,反思自我,正确把握价值引导,充分关注幼儿的心理健康,注重与幼儿进行对话,用辩证的思维去思考幼儿,把幼儿当作镜鉴,向幼儿学习。

(四)阶段四:在师幼共建中相信儿童的力量

《幼儿园教育指导纲要》指出:幼儿园应为幼儿提供健康、丰富的生活和活动环境,要满足他们多方面发展的需求,使他们在快乐的童年生活中获得有益于身心发展的经验。虽然我们在一日生活中,在教育实践中已经凸显了"儿童为本"价值取向,坚守儿童立场,但也要强化国家《幼儿园教育指导纲要》和《3—6岁儿童学习与发展指南》中制定指明的课程目标及3—6岁儿童预期的学习与发展目标,让儿童观既能呈现出幼儿的兴趣与需要,又能保证学前教育机构在立德树人和促进幼儿全面发展功能上的质量,也就引出了我们对"儿童观"新一层面的理解:让高质量的师幼关系呈现新的儿童观。

有了这样的认识,教师自然会关注幼儿的需要和兴趣,适时调整教育行为,做到《幼儿园教育指导纲要(试行)》所指出的:"善于发现幼儿感兴趣的事物、游戏和偶发事件中所隐含的教育价值,把握时机,积极引导。"

正如华爱华老师所说:"关注幼儿在活动中的表现和反应,敏感地察觉他们的需要,及时以适当的方式应答,形成合作探究式的师生互动。"真实的互动是高质量师幼关系的基础。在尊重、理解幼儿心声的基础上,从幼儿的兴趣点、原经验、真问题出发,既关注幼儿的多元表达,又不失时机地用心倾听、理解与跟进;从一种较为平衡的师幼共建立场出发,使幼儿获得学习与发展的契机,同时也为幼儿提供了适宜的、有质量的教育;从儿童视角出发,促进和实现儿童的应有发展,让教师与幼儿的思维建立联结。

 对"课程观"的再认识

伴随着幼儿园不断发展,我们的课程观也经历着一次次变革。我们始终在思考课程管理与实施的关系、课程各要素之间的关系、教师与幼儿的关系、幼儿教育与社会的关系,建立大课程观。在思考中我们不断强化育人意识,坚定清晰的育人目标,不断探索科学育人的规律。

(一)阶段一:遵循共同价值的追求,践行自主教育

2010年9月幼儿园开办,我们一直在思考:要走怎样的特色办园之路?当初我们翻阅了大量的政策文件发现,其一,"中国学生发展核心素养"直指自主发展。中国学生发展核心素养中包括文化基础、自主发展、社会参与三个方面。其中自主发展包括了两大素养,一是学会学习,二是健康生活,自主性是人作为主体的根本属性。其二,《3—6岁儿童学习与发展指南》指明培养幼儿自尊、自信、自主。《3—6岁儿童学习与

发展指南》从健康、语言、社会、科学、艺术五个领域描述幼儿的学习与发展。其中在社会领域中提到一定具有自尊、自信、自主的表现。其三,二期课改教材注重培养幼儿自主发展能力。上海市生活、运动、游戏、学习四本教材构成的新课程,它的主要特点在于回归生活、加强整合、关注过程、注重选择。我们发现政策下的学前教育课程正在走一条从依赖教材、注重集体教学、强调规范统一逐步转变为"以幼儿为本",关注经验、关注自主,追随发展需要的课程改革之路。

这一切都阐明了一种新的课程观:唯有自主开放的理念,才能引教师专业自觉;唯有自主多元的课程,才能让孩子自主发展。于是我们坚守共同的价值追求,坚定地走在创自主教育的特色办园之路上,进入了第一阶段,注重充分放手。在一日活动中让幼儿尝试做力所能及的事情,支持幼儿在经历事情和事件中获得成长,明确了"亲历体验,个性表达,活力成长"的课程理念。

● 我们的优势:

1. 与《上海市课程指南》方向一致

我们的做法与《指南》方向保持一致,从《上海市课程指南》中"共同生活,探索世界,表达表现"三个维度走向"自信生活,自主探索、自由表达"。注重自主文化培育,发扬"自主管理,自主学习,自主发展"的校园精神,已初步形成快乐自主的团队氛围,为特色创建打好基础。

2. 青年教师专业成长有效提高

幼儿园开办以来招录的大都是新教师和只有几年教龄的经验教师,故园内新教师比例较多,需要得到专业支持,获得专业自信。于是,我们初步形成了一套切合育人目标的课程实施方案及相关制度帮助新老师初步掌握培养幼儿自主能力的有效策略。在园本教研中,教师个体与群体智慧初步融合,教师的专业成长成了打造品牌的保障。

3. 解决本地段孩子的现实问题

从生源来看,幼儿主要来自几类家庭,一是本地段户籍,二是购房家庭,三是拆迁户,四是引进人才。由于幼儿的家庭背景差异大,教养方式存在极大偏差,部分家长倡导自由,部分家长则倡导严格。家长之间教育理念的反差,导致幼儿之间个体差异比较大,表现为幼儿之间在行为习惯上有显著差异,同时在自主和自律上存在弱势。因此,青苹果围绕自主的办园理念和特色创建很好地解决了本地段孩子的现实问题。

● 面临的问题与挑战:

1. 缺少践行自主教育的拐杖

自主能力培养较泛化、抽象,难监控,幼儿的自主能力表现在哪些方面呢?教师用什么活动去支持幼儿的自主能力发展,又用什么评价标准来衡量幼儿的自主能力呢?在践行自主教育课程时候常常表现出来的状态有:其一,认为只要放手让孩子自己的事情自己做就是自主,心中缺乏整体课程目标意识;其二,有的板块如生活、游戏,教师愿意放手,而在学习、运动板块预设较高。其三,在共同性课程中尝试融入自主,但教师并没有可视化的操作。尽管我们一直以来尝试园本课程的开发与研究,但教师们在践行课程时仍缺少理论支持和操作指引。

2. 园本特色不显性

二期课改的核心就是培养幼儿的自主,那么上海所有幼儿园都在践行二期课程,以儿童为中心,培养幼儿的自主能力。那么青苹果的园本课程与他园的区别有吗?差距不明显也是我们需要思考的地方,接下来该走怎样的道路来凸显青苹果的特色,是接下来我们要突破之处。

(二)阶段二:依托自主选择的契机,修正自主课程

自主能力空而大,泛而广,幼儿的自主能力培养比较抽象,在平常的教育教学中很难监测。那我们该如何突破呢?其一,找核心抓手——落地。我们一直想要找一个核心的抓手,那么抓什么呢?大量资料研究表明:幼儿自主选择能力是幼儿自主能力的

核心要素,幼儿有了自主选择就能提高幼儿的自主决策、自主计划、自主评价的能力,因此幼儿自主选择能力是幼儿自主能力的关键所在,所以我们将幼儿自主选择能力作为自主教育的核心抓手。其二,搞课题研究——创生。青苹果以此为契机申报了课题"凸显幼儿自主选择特色的幼儿园课程实践范式",重点研究新课程实施中培养幼儿的自主选择能力。通过龙头课题的研究,能够引领全园,同时在课题的带动下力求研发课程,推进重点项目,在一日活动中给幼儿更多的选择空间和机会,以培养幼儿的自主选择能力。

我们以课题为抓手,在实践中创生出一种新的课程观:打开时间、空间,给孩子更多的选择权利,让孩子真正成为活动的主人,在活动中获得自主发展,也为幼儿自主能力发展打下扎实的基础。进入第二阶段,注重给予幼儿机会和可能,尝试让自主教育成为幼儿一日活动的常态,在幼儿园一日活动中融入自主选择,在课程实施中提供多元选择和多种样态,形成了可操作的课程实践范式,给予教师支持系统。

● 我们的优势:

1. 构建出可操作性的课程实践范式

通过课题研究,明确"凸显幼儿自主选择特色的课程实践范式"的内涵,即发展幼儿自主选择能力的一种动态实践模型。同时构建出较完善的课程实践范式:

(1)架构课程实践范式框架:活动发起——生成方案;活动实施——选择内容;活动展开——参与体验;活动总结——分享表达,这是一个动态、多元、生成性的实践模型。

(2)尊重课程特质,提炼出课程实践范式应用于四大板块中的实施方式与操作要点:

"生活"——小鬼来当家,以班级为载体,凸显幼儿需要。

"运动"——运动嘉年华,以混班为载体,凸显活动材料。

"游戏"——游戏世博园,以混龄为载体,凸显合作伙伴。

"学习"——乐智小天地,以本班为载体,凸显主题问题。

2. 初步形成了有特色的园本课程框架

我们的课程架构是基于幼儿园的各项课程内容,在有机整合、相互联系的基础上,融入自主教育理念,打开空间模式,融入整合资源,让孩子有更多自主选择的权利,同时拓展了一系列特色活动,为幼儿提供多元课程体验。

其一,自主选择能力的培养融入基础课程。在四大板块中分别渗透了特色活动,解决了将自主选择融入一日生活中的问题。比如说学习板块的"乐智小天地",幼儿可以自主预约进行个别化学习活动;游戏板块的"游戏世博园",在主题背景下进行的混班游戏;运动板块的"运动嘉年华",以自主选择自主评价为主的混班模式下的运动活动;生活板块的"小鬼来当家",让孩子在每天的生活环节中自己当家作主。

其二,自主选择能力的培养拓展出特色课程。例如"小达人体验站"是让孩子们走出校园,走进社区进行真生活真体验;"小当家童盟会"是结合各种节日,让幼儿可以自己组织和策划活动;"小潮童拓展营"是让幼儿在户外进行的亲子活动等。

在这样的园本课程架构之下,我们逐步形成了为孩子提供更多自主选择机会的园本课程。

● 面临的问题与挑战:

1. 活动范式使用的可变性差

为了让教师有拐杖,我们形成了"乐智小天地""游戏世博园""运动嘉年华""小鬼来当家"等不同活动范式,在范式中清晰地告诉教师组织活动时的操作要点和幼儿操作要点。但是在范式的框架下,四个活动的范式几乎一模一样,可变性不强。可是四大活动有它们各自的活动特质,如何将这些活动特质去融入四大特色活动中,需要我们进一步去思考。

2. 教师忙于奔波组织各类活动

整个课程架构非常清晰,也给予了教师范式的参考,教师有了拐杖就能践行园本课程,但是包括融入共同性课程的四类特色活动和专门性的特色活动,需要教师要在一日、一周、一月内将这些活动实施,为确保一日活动流畅,常常呈现出来的状态是疲于奔波,更多的是带着孩子在走有特色的环节,而没有真正静下心来去独立思考或者反思自己的自主教育行为是否给足了自主的空间,如何留有余地,是我们接下来需要突破的方向。

(三)阶段三:基于教育立场的回归,形成大课程观

虞永平教授在《幼儿园课程》一书中曾提到这样一个观点:当前学前教育基本观念发生着变化,主要概括为"三个回归"。其一,回归"人",更注重"儿童本位"价值,更注重教师转向"多重角色的专业人"的定位。其二,回归"生活",源于生活、贴近幼儿已有经验的话题被选为教育内容,日常生活中的易得物品充当课程资源等,从而不断思考着课程源于生活,又高于生活。其三,回归经验,呈现出从重视知识传递转向重视经验建构、从重视学习结果转向重视学习过程。

这些课程观念的变化引发我们对自主课程的再次迭代,而课程变革的关键莫过于其基本观念的重构,更多的活动应该回归共同性课程,回归一日活动。我们需要再一次对自主课程进行系统思考,如何在一日活动中更多彰显儿童权利,赋予儿童权利,让课程源源不断生长。逐步进入了第三阶段,注重赋予幼儿权利和能力。在坚持"儿童优先、儿童平等、儿童参与"三大原则下,推出幼儿自主协商的"小Q议事会""小Q分享会""幼代会"等活动,让幼儿充分表达自己对活动想法,将幼儿的主张和想法纳入课程建设的全过程。

● 我们的优势:

1. 形成共选交融——更有效

在园本课程方案中"乐智小天地""游戏世博园""运动嘉年华""小鬼来当家"这些活动是凸显自主选择的特色活动,但其实它们都融入了四大基础课程板块。因此,这

些活动很好地解释了共同性课程与选择性课程的交融。教师们通过活动的操作指引来践行活动,更有效地培养幼儿自主能力。

2. 形成大课程观——更开放

园本课程的完善带给我们更多的是理念的开放,整个园本课程方案是拥有了大课程观,在空间上、形式上、时间上均得以开放。比如"小 Q 体验日"是"乐智小天地"活动的拓展,每周一次的活动为幼儿打开了空间,让幼儿可以走出教室,走进操场,走进大自然,走进社会,进行更深入、更充分的探究。幼儿在活动中积极探索新发现的问题,并尝试解决,同时带着问题参与分享过程,发挥主动性和自主性,真正成为学习的主人。又如"小 Q 看现场"是结合我园自主特色而开展的每周一次的混班分享会,在活动中由大班三个班级的幼儿各自选拔小主持、小评委,并通过班内分享推荐出其中最佳的分享内容,最后三组代表集中进行自主分享与交流的个别化学习活动分享活动。在活动中,幼儿是整场活动的灵魂,从主持到分享到评价都回到幼儿手中,幼儿又一次成为活动的主人。

3. 重提师幼共建——再认识

教师在践行自主课程的同时不断反思自己的行为,自主就是全放手吗? 真的是不用说什么? 做什么吗? 课程的实施赋予教师对自己在活动中作用的再认识。我们发现有的活动是需要建立在师幼共建上才能更有效地实施。比如在"红色博物馆"活动中,当孩子们提出要布展一个"国旗"博物馆时,就可能会收集关于国旗的资料,用自己图符记录一些认识。当孩子想要把自己画的国旗布展在博物馆时,教师可以建议幼儿用一些收集打印的照片来呈现,让孩子们理解有些国家标志的内容是不能够随意画的,要学会尊重党和国家。当孩子们不知道如何进一步收集更多内容时,教师可以和幼儿一同讨论,看看大家收集来的资料里还有哪些可以进行展览,听听幼儿的想法,说说自己的观点,和幼儿一同推进活动。师幼协同共生,共同讨论,开展活动,这样的活动才是让孩子提出自己想法的活动。

● 面临的问题与挑战：

尚未形成完善的支持系统

课程发展到这个阶段，教师需要的是支持系统，而不再是之前简单的操作系统。这样在活动中才能更好地去支持自主建构、自主经历、自主选择。如何突破这个问题和瓶颈，利用课题研究是一个非常好的路径。于是，我们申报了市级课题"聚焦幼儿自主发展：园本课程评价的实践研究"，希望通过课题研究能再生课程与活动，给予教师完善的支持系统，更好践行园本课程。

（四）阶段四：深挖自主的内在本质，师幼共生共建

党的二十大报告提出了全面建成社会主义现代化强国的目标，并强调了"实施科教兴国战略，强化现代化建设人才支撑"的发展思路。学前教育作为基础教育的重要组成部分，应立足国家的国情和特色，以学前教育先进的科学理念为指导，解决当前教育中存在的客观问题，以促进幼儿全面和谐、完整人格发展为目标，充分发挥好学前教育奠基石的作用。基于以上内容，我们再次思考，青苹果的园本课程走向又该如何？

我们认为自主教育应该是师幼共建的过程，所以园本课程应继续坚持儿童本位的立场，以儿童全面发展为目标，将课程内容向儿童生活回归，实施方式以活动与游戏为主，强调多主体的过程评价，在原有自主课程的基础上依托评价再生课程与活动，逐步进入第四阶段，注重给予幼儿分享和支持。通过市级课题"聚焦幼儿自主发展：园本课程评价的实践研究"的开展，形成了较完整的园本课程评价体系。教师们也因此有了评价幼儿自主能力的依据，更好地反思自己的教育行为，促进了其培养幼儿自主能力的实效性。

● 我们的优势：

1. 从儿童基础教育走向红色

我们在践行园本课程目标的过程中，积极贯彻《3—6 岁儿童学习与发展指南》和

《上海市学前教育课程指南》的原则,通过课程实施促进幼儿健康水平以及情感、态度、认知能力等各方面的发展,让他们成为具有"自主、自立、自信、自强"的"四自"良好行为品质和启蒙素养的现代健康活力幼儿。慢慢走向在原有目标的基础上,全面贯彻党的教育方针,落实立德树人根本任务,将培育和践行社会主义核心价值观融入保育教育全过程,注重从小做起、从点滴做起,通过挖掘各种园内外红色资源,联合家庭、社区,与幼儿共创了"红色博物馆",先后立足儿童视角,以问题导向为抓手开展若干个主题的实践,如红旗、国歌、开国大典等,将红色文化教育根植于幼儿的心中,让红色精神不断传承,从而努力为党为国培养德智体美劳全面发展的社会主义建设者和接班人。

2. 从注重放手走向师幼共建

通过不断更替迭代对自主教育的认识后,我们发现自主教育不再是一味地放手、一味地不管不顾,而是在自律基础上的自由和自主。因此自主教育的践行离不开师幼共建,更离不开高质量的师幼互动。我们可以秉承着一种尊重和接纳幼儿个体独特性的理念,在师幼共建中看到每个孩子的个性、需求和兴趣,更好地理解和尊重他们的差异。同时在师幼共建时不仅可以采取一对多的小组互动交流模式,还可以采取一对一的交流模式,这样更能了解每个孩子的需求,给予更个性化的支持。在过程中不断引发教师思考,怎样才能更好地进行师幼共建,逐步达成双向奔赴。

3. 从幼有善育走向高质量发展

在幼儿园课程实施时,我们依据《上海市学前教育课程指南》与《3—6岁儿童学习与发展指南》的要求,结合本园课程目标与设置的实际情况,通过六个坚持,努力做到幼有善育。

一是坚持计划安排,有序合理。注重课程与发展各领域之间的相互渗透和整合,制定合理的计划,让幼儿能有序参加各类活动,促进其全面和谐发展。二是坚持设计组织,游戏为主。突出强调游戏在一日生活中的地位,以游戏作为幼儿的基本活动,遵循幼儿的发展规律和学习特点,充分尊重和保护幼儿的好奇心和学习兴趣,让幼儿有更多自主选择的权利。三是坚持环境资源，开放丰富。发挥环境资源的教育作用，对周边的环境进行重组、设计、调整、改造、创新，以更适合幼儿发展。四是坚持师幼互动，平等自主。在课程实施设计中考虑不同阶段师幼的呼应特点，尽可能以幼儿发起的互动为教育契机，满足他们参与活动需要。五是坚持观察评估，关注个体。通过观察发现幼儿的基础点、判断幼儿的发展点，重视不同层次个体差异教育，支持和引导每个幼儿从原有水平向更高水平发展。六是坚持家长工作，互动合作。加强与家庭、社区的密切合作以及与相邻阶段的教育衔接。积极创造条件，让家长认同、支持、参与幼儿园课程的开发和实施，家园合作，共同促进幼儿的健康成长。

在实施的过程中我们也在不断地思考、调整，通过重新凝练幼儿园校园文化，"青出于蓝，生发成长"，调动全体保教人员的积极性，推动保教队伍全员参与高质量幼儿园建设工作；通过"3＋3"的培训机制，以队伍发展为核心，提高教师师德素养和专业技能，鼓励保教人员在不同的领域发光发亮；通过积极参加市区不同级别的实践项目研究，如户外两小时活动、上海市"全面建设高质量幼儿园"成果孵化工作坊等的实践研究，不断提升幼儿园保育教育质量；通过积极申报区级课程"互联网＋背景下幼儿园数字信息化课程资源的整合与应用"，以数字化场景赋能建设工作，推动园所实现高效率运转和跨越式发展。以上的种种举措都是在向全面建设高质量幼儿园的方向发展。

● 面临的问题与挑战：

1. 教育信息化、数字化和智能化建设推进力度需加大

教育信息化、数字化和智能化是提高园所教育教学质量和办学效益，促进教育现代化，实现优质教育资源共享的有效途径。但是，目前幼儿园的"园园通"功能尚未完全挖掘，组织架构有待完善与优化，教师与家长的使用普及率需提高。同时，虽然园内另外引进了"孩子通"这一智能系统，但采集常态化工作数据，建设多个数字化场景，以技术推动园所实现高效率运转和跨越式发展等问题仍需与供货商进一步沟通，加强信息技术的支持与建设，并加快对幼儿园全体保教人员信息技术的培训。

2. 关注个体差异、因材施教、育创新型人才意识需提高

教育应注重幼儿个性发展,因材施教,培养具有创造性和进取精神的人才。我们在落实园本课程时,努力引领所有保教人员聚焦儿童经验的获得,不以技能和知识的获得为目的,鼓励幼儿通过自主提出、自愿结伴、自主策划、自主实施、自由分享,在活动中试错获得经验,让有不同差异的幼儿有发展的可能。但由于整体教师队伍的专业水平参差不齐,儿童观、课程观、质量观等各有不同,因此在尊重幼儿人格尊严,遵循幼儿身心发展规律和学前教育规律,注重个体差异,因材施教,注重培养幼儿的创新精神和创新能力,促进幼儿在体质、智力、品德等方面和谐发展上仍需通过实践不断提升。

 三 对"质量观"的再认识

2019 年,中共中央、国务院印发了《中国教育现代化 2035》,其中提出"普及有质量的学前教育",2021 年《中华人民共和国国民经济和社会发展第十四个五年规划和2035 年远景目标纲要》明确提出"建设高质量教育体系"。众所周知,"质量"的三大要素包括结构性质量、过程性质量、结果性质量。其中,我们认为结果性质量要落在孩子身上,要让孩子获得未来可持续发展的能力。那么在不同发展阶段,我们对于高质量应作何认识呢?

(一)阶段一:以规范发展为基,对质量观的初思考

2010 年,我们开办了第一个园所"中环园",面对处于城郊结合部的新园所,我们首要思考的问题是如何做到办园质量规范? 在这一阶段,我们对于幼儿园质量的思考刚刚萌发,重点停留在对条件质量的关注上,更加希望能够建成符合国家地方各项规定的规范化园所。

1. 对"规范化"质量的关注

我们首先完善了硬件配置,力求合理规范,建立了多个幼儿专用的活动室,建天构地、书海拾贝、异想天开、棋天大圣等,活动室的设置满足幼儿园教育质量发展需求,为办园质量规范化提供坚实基础。

同时,我们挖掘自主管理的内涵,形成人人争创"青苹果大主人"的校园氛围。聚焦问题,各部门管理关注规律、关注差异,并撰写执行园长反思日志,为办园质量规范化提供了有力保障。

此外,我们将幼儿园共同愿景和教师个人目标紧密结合,形成"教师个人与幼儿园品牌双发展",增强教师团队归属感。通过开展成长俱乐部"我要、我能、我行、我乐"——创四我等系列活动,评选青苹果大主人、感动青苹果人物、师德标兵等,提升教师团队的归属感,为办园质量规范化提供坚实后盾。

2. 对"保质量"的再思考

伴随着硬件配置的完善、自主管理的常态化和团队归属感的增强,我们进一步思考,条件质量的满足能代表教育质量的保证吗?

在一次核心会议的讨论中,每位骨干老师都提出了自己对质量观的见解和看法,焦老师说:"我觉得教育质量不应该仅体现在幼儿园环境优美,温馨整洁,有家的感觉上,这让我总觉得还缺了点什么?"薛老师说:"还有老师们的教学水平和质量提高,这是很关键的要素。"一旁的夏老师听完以后,紧接着补充说:"不仅如此,还要考虑到孩子们在我们幼儿园的发展,我们要办一所家门口的好幼儿园。"薛老师问:"如何做到让家长满意呢?"焦老师说:"我的理解是幼儿的发展要让家长看得见。"我说:"大家都有自己的思考,这很好,而且我发现大家现在都把视角从条件质量转移到人的质量上。教育质量是一个综合指标,它包括人与物的资源质量、教育实践质量和教育成果质量。我们应该更聚焦幼儿素养,关注幼儿发展质量,这需要教师不断重塑观念。"

2012 年颁布的《幼儿园教师专业标准》把"幼儿为本"作为四大基本理念之一,

《3—6岁儿童学习与发展指南》更是明确提出幼儿园教育实践应以"儿童发展为本"。我园教师专业底蕴尚且稚嫩,教师的专业、儿童的发展才是守住质量的底线,教育质量的提高刻不容缓。

在一次日常教研中,大教研组长杨老师说:"你们发现了吗?每次听青年教师组织集体教学活动时,老师们总是会预设很多幼儿的答案,或者还没等孩子回答,老师就把答案说出来了,好像总有太多的不放心。"佘老师说:"其实这就说明我们老师并没有真正地做到相信儿童。"

在这一阶段,当我们越来越重视"人"的质量时,就会发现我们的教师其实是缺乏质量意识的,大部分教师认为课程只要做了就有质量,心中对孩子的发展没有目标,呈现出随心所欲的状态,这些都是我们急需面对的问题。

(二) 阶段二:以幼儿发展为本,做有质量的幼儿园

经过规范化发展的阶段后,我们逐步将提升幼儿园质量的重点从环境设施转移到对"人"的关注上。面对前期思考中,教师们提出的"预设太多""对教育质量的认识停留在'做'的表面""过程中呈现出随心所欲的状态"等问题,我们从"以幼儿发展为本"的角度出发,开始关注特色课程的实施,通过教研、教师自评等方式使得教师萌发质量观,实现幼儿园"有质量"的发展。

1. 对"有质量"的思考

伴随着特色课程的建构与实施,我们的儿童观、课程观都在发生着转变。在"什么是有质量的幼儿园"的探讨中,教师们的质量观也在逐步萌芽。

教师们认识到,走一条有质量的办园之路,既要坚持儿童本位,又要兼顾社会本位,更要关注儿童的已有经验,同时要淡化学科本位。

在不断地自我反思中,教师们对于自己的定位也更加明确,更有教师在交流反思中提到:"以前我认为我做幼儿园老师的最大任务就是看好孩子,确保他们的安全,但

是在实践特色课程的过程中，我突然发现，原来我作为老师是那么重要，我有着远远超越'看护者'的责任和意义，我甚至是课程实施中的关键人物。"教师们开始把自己当作课程实施的主人，开始将自己也纳入幼儿园质量的重要一环，成为幼儿园质量提升的重要"软实力"。

在此阶段，我们将办园理念更新为"赋一份'自主'，启无限'可能'，焕发每位幼儿的生命活力"。我们开始以幼儿发展为本，走向"有质量"的办园之路。

2. 在"有质量"中的问题

在这一阶段，教师出现了质量意识的萌芽，也将对幼儿园质量的关注更好地回归到儿童身上。然而，教师在探索过程中也遇到了一些问题。

刘老师（3 年教龄）：当我关注孩子的想法时，我会不自觉地告诉我自己，要放弃自己的想法和观点，从他们的想法出发。可是孩子也并不是时时都有想法，也不是每个孩子都有强烈的兴趣和需要，这时我就不知道应该怎么办了。

王老师（5 年教龄）：其实我感觉我现在能够做到"放手"，但我也常常疑惑，是不是任何时候都要"放手"，特别是集体教学活动，肯定是以老师的预设为主的，我觉得这种生成性的活动对我来说太难了。

余老师（8 年教龄）：我一直做教研组长的工作，最大的感触就是现在老师们都能够实践我们的课程，但是我感觉组内不同老师的差异还是有的，而且有些差异还挺大，有的老师很有想法，有的老师就比较随波逐流，但是我也不知道怎么去改变这种状况。

从教师们的对话中，我们明显感觉到教师对于过程性质量的关注，但更加凸显的是关注后的"无所适从"，如何从"有质量"向"高质量"进行突破，将是我们下一阶段面临的主要问题。

（三）阶段三：以过程质量为重，寻高质量的突破口

伴随着对于过程质量的关注，教师们的质量意识更加强烈。面对教师在教育实践

中的种种问题,我们以过程质量为核心,从师幼互动质量着手,通过文化氛围的熏陶,激发教师的内驱力,提升教师的课程领导力,突破高质量发展的瓶颈。

1. 赋权:让每个人都能作主

在此阶段,我们提出了自主中的赋权,既要赋权给幼儿,让幼儿能够大胆表达自己的想法和意见,也要赋权给教师,让教师从课程的实践者转变为课程的研究者。在此过程中,我们通过一体化研训,鼓励教师观察儿童、反思自我,讲述与儿童的故事,尝试与儿童共建,使得教师们更加相信,教育质量最终指向的是每一个儿童的生存和发展,影响着每个家庭的福祉与国家和谐,更涉及未来人力资源储备。

同时,在"青出于蓝,生发成长"的校园文化影响下,每位教师都能沉浸在课程中,沉浸在与幼儿的互动中,倾全力作贡献,我们也不断基于教师的感悟焕发全新的课程。

在一年一度的幼儿代表大会上,每个班级的幼儿代表都提出了自己对于幼儿园的提案,大一班的辰辰提出:"我们大班现在在研究植物,每天都要跑到操场和小菜园去,但是我们在三楼,上上下下实在太麻烦了,我们希望能换到一楼的教室去,这样推开门就可以到操场去观察植物。"听了孩子们的想法,老师们也做了认真的思考,他们与孩子们一起讨论,大班换到一楼合适吗?谁又愿意换到三楼去?一楼小班的弟弟妹妹怎么办?孩子们将讨论的想法一一记录下来,在全园开展了大调查,他们采访了每个班级孩子和老师的意见,还采访了园长、保健老师、门卫叔叔……老师们帮助孩子们把大家的意见进行了梳理,最终大班的孩子策划了全园的大投票,在大家的商议下,大班换到了一楼,可以随时推门出去探索;小班来到了二楼,有更多的机会上下楼梯发展大动作;中班的孩子同意换到了三楼,这里有他们最喜欢的空中平台。

在这一阶段,每一位教师都在行动中思考和追问,如何观察儿童的兴趣以及如何将儿童的兴趣作为课程设计的重要依据。我们越来越多地思考,我们更加关注过程中对儿童的倾听、理解和尊重,同时也更加鼓励每位教师遵循生命成长的逻辑做出对幼儿园课程的独特理解。

2. 思考:让每件事都能深入

正是对幼儿兴趣和需要的不断聚焦,教师的质量意识也越来越强烈,在实践课程的过程中越来越愿意与幼儿进行师幼共建,焕发课程的新活力。在这个过程中,教师们也发现了每一个幼儿都是独特的个体,每一个幼儿都有自己个性化的一面,如何看到每一个、支持每一个,成为我们即将面对的新挑战。

此时,恰逢《幼儿园保育教育质量评估指南》出台,犹如一场及时雨浇灌了我们日渐焦灼的心灵,其中指出的"重点关注保育教育过程质量,关注幼儿园提升保教水平的努力程度和改进过程"正是我们一直坚持的方向,而"强化自我评估""促进教职工主动参与,通过集体诊断,反思自身教育行为,提出改进措施。"则成为我们进一步促进幼儿园高质量发展的深入点。

(四) 阶段四:以多元评估为策,助自主在反思中增能

党的二十大报告中强调"为党育人、为国育才",中国特色社会主义教育事业就是要全面贯彻党的教育方针,落实立德树人根本任务,培养德智体美劳全面发展的社会主义建设者和接班人。从国家育人目标出发,在这一阶段,我们深入思考"高质量教育"的落脚点。结合对自主理念的进一步深入理解,我们更加敬畏儿童的"个性差异",更加重视儿童的个性发展。我们以《幼儿园保育教育质量评估指南》中强调的"自我评估"为切入点,从他评转向自评,更加关注个性化的教育支持,以此推动幼儿园高质量发展。

1. 评价:幼儿质量意识的萌发

在此阶段,我们从自我评估入手,依据《3—6 岁儿童学习与发展指南》《幼儿园保育教育质量评估指南》,形成了幼儿自主发展评价指标体系。我们将幼儿发展评价指标体系分为了自主选择、自主探索、自主分享、自主评价、自主管理五大评价领域,形成

了幼儿自主发展的 114 个目标,并对每个表现水平补充典型性行为以作参考。同时结合《上海市幼儿园办园质量评价指南》形成了园本课程评价指标,分为"活动的策划""活动的组织与实施""活动的效果"三部分内容,共 26 条具体评价标准。

之后,我们形成了以教师为主体的 7 种评价方式,主要以量性评价与质性评价相结合的形式开展。同时我们打破各类活动的限制,充分拓展空间,将评价的权利最大程度还给幼儿,创新出 11 种以幼儿为评价主体的评价方式。结合幼儿年龄特点,我们还研发了意见灯、评价记录纸、两色便签条、评价板等多种评价工具,让幼儿真正能够参与到评价中。让每一个评价发生的瞬间都能支持幼儿的自主发展,为幼儿终身发展奠基。

2. 反馈:高质量发展的成效

在践行幼儿自主评价的过程中,幼儿成为评价的主人。渐渐地,他们也产生了质量意识,提升了评价能力,对于自己、同伴、教师乃至课程都能提出自己的意见。教师也在此过程中更加看到幼儿个性的不同,对于个性化支持有了更加深入的理解。就像一位教师说过:"我觉得我现在能够更加理性地看待每个孩子个性的不同,强势智能的背后有可能隐藏的是发展不均衡,这需要我们教师更加细致的关注。"

除此之外,家长与社区也参与到了幼儿园的评价中来,已经毕业 5 年的孩子再次回到幼儿园,会欣然感慨:"我始终记得在幼儿园里的快乐,这是我长大后最忘不了的。"陪伴毕业的孩子一起回到幼儿园的家长也会说:"小时候总觉得他调皮捣蛋,是幼儿园的老师一直在发现他的闪光点,一直在给他机会,让他能自信、大胆地发光,我们非常感恩!"还有一位曾因家庭原因调离的教工由衷地告诉我们:"离开了青苹果,好像一只跳出了井的青蛙又跳回了井里,只能坐井观天,原来能和大家一起畅所欲言、思辨、讨论,又获得新的提升是一件那么令人怀念的事情。"

从办园初期家长们舍近求远地择园,到出生率骤降的今天,家长们纷纷期盼着能够进入我们的幼儿园,也许教育质量的评判就在家长与社会的选择中。站在高质量发展的道路上,我们由较多关注公平转向基于质量的公平,由关注幼儿短期的学习转向兼顾幼儿长期的发展,由关注幼儿本身的发展转向兼顾高质量学前教育所产生的系列生态效益,以有效促进儿童、家庭、机构、社会的优质长效发展。与此同时,我们仍将带着青苹果人的勇毅与坚韧,不断推动教育质量的提高。

第二节　我们的行动研究

 致力思考,抓住关键

曾有一位专家问过我,你的环境人家看了可以复制,你的课程人家可以借鉴,那你有什么是人家不能替代? 这句话一直在我心深处,答案就是思想,教育思想是优秀教育工作者的第一素养。

回想 2010 年,我创办了青苹果幼儿园,仅用十三年时间,就形成了一园三部的发展规模,并将幼儿园一路提质,于 2021 年成功争创上海市示范园。在不断扩大办园规模、面临各种发展新挑战中,我一直在思考怎样抓住关键,才能让幼儿园始终保持一种可持续发展的态势? 那就是"课程"。作为园长必须不断思考课程。我做园长以来,不断思考我园课程,坚持办一所注重品质的幼儿园,坚持锻造品质课程,坚信尊重生命,促使每一个幼儿活力成长,不懈地追求让我们努力成为最好的自己!

 潜心思索,促进生长

我一直在思考几个问题:我们要达成什么? 我们如何知道发生变化是一种改进? 我们做什么可以促进这种改进? 全体青苹果人十多年跋涉,上下求索,不断追求课程锻造全过程,聚焦幼儿发展,注重生命成长、品质锻造。

（一）课程"锻青品"——为"课程走向"导标定航。

思考:课程如何走向——理念导标、价值定航

对于课程,我始终在思考:有没有理念? 有没有变成方向? 每一年围绕方向有没有变革?

教育思想的最高境界是教育理念,理念解决价值取向问题,而课程架构需要办园理念来导标。在开园之初,我们推出了"创自主教育文化,育能干小主人"的办园理念。但是在实践中伴随着对教育形势的研判,我们对自主教育有了更深的思考,为什么要开展自主教育? 只是为了开展自主教育吗? 还有自主教育到底应该怎么做? 通过听取多方意见,不断深化对自主教育的理解,我们将课程理念改为"赋一份自主,启无限可能;敬个性差异,焕生命活力!"旨在赋予教师、幼儿自主的权利,启迪内在生命潜能,让教师和幼儿具有无限伸展的可能,在敬畏、尊重每一个个体(教工、幼儿、家长等)的差异和特点的基础上,重视每一位教师、幼儿的成长过程,提升其生命活动的质量,焕发持续成长的生命活力,让每一个个体都能成为最好的自己。我们对办园理念内涵的不断思考,也为课程提供了价值导向,从对幼儿自主能力的关注到对幼儿生命活力的关注,更注重培养完整儿童,"青品"课程不断在生长。

（二）实施"强品质"——为"课程落地"全力护航。

思考:课程如何落地——实践续航、评价护航

幼儿园从初创和规范发展阶段,走向了优质发展的阶段,同时也进入了课程改革的突破阶段。以"相信每一个幼儿都是积极主动、有能力的学习者"为课改导向,我们明确提出了幼儿园课改的理念是"尊重生命之'青',启蒙自主之'品',培育快乐之'果'",带领全园教师开启了幼儿园自主教育的课程改革,一起对课程进行一轮轮的反

思,在反思基础上进行变革,从把握起始点、寻找切入点、提炼关键点,将课改理念与变革行动整合于共同的课程领导行动过程中。在课程践行中,我们始终重视幼儿的发展,注重课程的品质,关注每一个幼儿的生命成长轨迹,给幼儿丰富多元的课程经历,培养具有"四自"品质的现代活力儿童。伴随着对一个个问题的思考,自主教育课程不断生长,经历了尝试做—选择做—主动做—反思做四个阶段。在不同阶段教师的支持分别是充分放手—给予机会—赋权赋能—分享支持,确保自主教育落地。

第一阶段"起始点":尝试做——注重充分放手

思考:自主教育的重要的第一步该是什么——让孩子自己事情尝试做

开展自主教育宽泛而抽象,最初我们努力寻找"起始点",基于现状调研,发现幼儿园孩子大多祖辈教养,父母比较忙,经常看到孩子们上幼儿园是由爷爷奶奶背着来,并且刚入园时进餐许多孩子手从来不伸,家长教养方式要么放任要么宠溺,试问这样的孩子如何有将来?我们深感自主教育的起始点,应该从幼儿自己事情自己做开始,将自主融入一日生活,让孩子尝试做自己力所能及的事,在一日生活中自己整理物品、扫地、倒牛奶等。一段时间下来,我们发现在一日生活中幼儿不仅能积极尝试自己事情自己做,还能在做事情的过程中发现问题,不断想办法解决问题。在这个阶段,教师的支持是"充分放手",让孩子不断尝试,在一日活动中让幼儿尝试做力所能及的事情,获得各种亲身体验,并产生积极的情绪情感,更加愿意投入尝试中,支持幼儿在经历事情和事件中获得成长,明确了"亲历体验、个性表达、活力成长"的课程理念。

案例:在一日生活各个环节,孩子们都会尝试自己事情自己做。在点心环节,孩子们会两人合作铺桌布,分发点心,有孩子提出倒牛奶时,一不小心会移动桌布,导致牛奶倒翻。发现问题之后,孩子们自己讨论解决办法,有的认为干脆不要铺桌布了,但马上有其他孩子反对,觉得铺桌布很好看,于是他们想到要把桌布固定在桌子上。教师在其中充分放手,观察孩子的行为表现,有孩子拿来双面胶粘,有孩子去拿绳子想办法固定桌布和桌脚,尝试成功后孩子们非常兴奋。又如孩子们在倒牛奶的过程中,发现每个孩子倒的量不一样,所以会出现要么剩下的牛奶很多,要么到最后有孩子只能喝一点点,于是孩子们提出能不能做个标记。在教师的放手及对话中,孩子们自己在每一桌画了一个量牛奶的标记。一次次的尝试不仅是幼儿自己事情尝试做的过程,也是发现问题,解决问题的过程,让孩子更愿意去积极尝试。

第二阶段"切入点":选择做——注重给予机会

思考:自主教育该如何切入——让孩子学会自主选择

当一日活动中,幼儿都能尝试自己的事情自己做时,我们也在不断审视,幼儿园内自主教育应该如何切入? 深刻反思我们课程中存在的问题,试问自己是否真正在一日活动中,给了孩子更多选择的可能呢? 有时候,我们说是让孩子选择,但总是会有划分和限定,给孩子的选择是有限的。到底怎么样才能更好地培养幼儿自主? 幼儿的需要是否真正被看到,能从满足幼儿需要的角度去找切入点? 在这个阶段,教师的支持是"给予机会"。因此,我们鼓励教师在一日活动中充分给予幼儿机会,让幼儿有更多选择的可能,亲历各类活动,从而激发幼儿的自主潜能。这个阶段主要解决如何让自主教育成为幼儿一日活动的常态,把幼儿自主选择融入幼儿园一日活动之中,以"三支持"为主轴,即"支持幼儿自主经历、支持幼儿自主选择、支持幼儿自主建构",在课程实施中提供多元选择和多种样态,形成可操作的课程实践范式,让"自主"成为一种常态。

1. 寻找问题"症结"——精准

为了更好地了解幼儿自主选择能力的现状及产生的原因,研究初期,我们开展了关于幼儿自主选择能力发展情况的调查报告,对青苹果幼儿园全体幼儿进行调查。有效地汇总调查结果并分析如下:

存在问题:①幼儿选择兴趣不高。②幼儿选择动机不强。③幼儿选择能力不强。

影响因素:①课程内容的时间与空间,影响幼儿选择兴趣的提高。②活动选择的目的与意图,影响幼儿选择动机的产生。③活动的分享与评价,影响幼儿选择能力的培养。

策略假设:

* 拓宽"时间与空间",激发"选择兴趣"。在空间打造上和作息安排上,尝试有效拓展,给幼儿更多选择可能,激发幼儿选择兴趣。

* 增强"目的与意图",强化"选择动机"。在幼儿选择活动的时候,能够增强选择的目的与意图,以此来增加幼儿选择前的动机。

* 强化"分享与评价",提高"选择能力"。活动后强化分享与评价,分享幼儿最初选择意图与选择后参与活动的收获,来提高幼儿的选择意识与能力。

2. 提供选择课程——多元

幼儿园的各项课程内容是多元整合、相互联系的,要在此基础上融入自主教育理念,有效拓展自主特色活动,为幼儿提供多元课程体验,让幼儿获得充分的发展。一是将自主选择能力的培养融入共同性课程之中,将特色融入一日活动中,分别从游戏、学习、生活、运动四大板块渗透拓展了"乐智小天地"——学习问题式,"游戏世博园"——游戏主题式,"运动嘉年华"——运动评价式,"小鬼来当家"——生活情景式的四大特色活动;二是充分利用资源,拓展了系统的特色活动,如"小达人体验站""小当家童盟会"等。多元的课程为幼儿创设了更多的选择机会和多元自主能力培养的机会,推动幼儿自主能力的发展。

从现实问题出发,在实践研究中我们大胆尝试,努力构建凸显幼儿自主选择特色的课程框架,努力把握三个要素,有目的地培养幼儿的自主选择能力。

* 课程设置——拓宽选择的"时间与空间"

* 实践操作——增强选择前"目的与意图"

* 活动实施——强化选择后"分享与评价"

3. 推出课程范式——具体

在课程范式的研究与实践中,我们将凸显幼儿自主选择能力的特色活动融入到了共同性课程中,如乐智小天地、游戏世博园、小鬼来当家等特色活动,努力给幼儿更多自主选择的机会。

举措一：订"实施计划"。为了确保各类活动能安全、有效落实和推进，组织特色活动强调的是制定实施计划，增加活动目的性和实效性。

举措二：借"园本教研"。践行特色活动借助园本教研，确立研究主题，解决特色活动实施与践行中的困难与问题，运用园本教研推进和深化。

举措三：重"一二三四"。在活动实施过程中重视"一二三四"，即一次假设——对策略进行先行假设，让教师心中有策略来跟进活动；二种实践——实践中先让大家分班同行，然后聚焦重点大家再一起行动；三次调整——行动中不断调整方案、调整材料、调整策略；四类研讨——行动研究中开展理论研讨、实践研讨、思辨研讨、总结研讨。

在课程建设中，我们明确了特色活动的内容、菜单，借助园本教研，在反复实践中归纳出了具有共性的实践范式。

① 模块清晰，便于操作。以模块的方式推进，让老师们便于操作。

② 流程共享，要点个性。每个特色活动都有四个共性流程，但具体操作要点在每个活动板块是不一样的。

③ 角色定位，专业支持。每一块流程下面都有对应的教师角色定位，这给了教师专业支持。我们可以看到几个活动范式，都有共性和个性，不变的是流程，变的是提示。我们每一个特色活动都会聚焦孩子的问题来推进，从而深深感到：给幼儿解决问题的机会，幼儿自主就会出现；给幼儿表达表现的机会，幼儿自信就会张扬。

4. 创新活动样式——实效

① 不一样的学习＋体验日活动——真需要。

幼儿学习需要真实情景，才能激发学习兴趣和持续性探究，反观我们一直在开展的个别化学习，往往仅限于室内，让幼儿学习缺少真实情景。例如在大班主题学习活动"有用的植物"中，室内植物品种非常有限，而植物最多的应该是户外。因此，我们从室内转移到户外,让幼儿尽情和幼儿园里的各类植物亲密接触,引发自主探究,并结合远足活动给幼儿几个选项,选择去辰山植物园或森林公园等深入探究。幼儿需要提前做好准备和制定计划书,带着任务去体验"森林日",亲历大自然,让幼儿学习兴趣自然持久。为了能让幼儿在真实情境中有效学习,探究兴趣能持久,我们创新了个别学习活动+小Q体验日活动(社会小课堂、自然小课堂),让各个主题活动和体验日活动有效结合,注重幼儿学习情境的真实性和丰富性,在过程中给幼儿更多选择,促使幼儿更有效地学习。

表 2-1　个别化学习+体验日活动(自然小课堂、社会小课堂)

主题名称		小Q体验日	
大班	中班	自然小课堂	社会小课堂
有用的植物	在农场	农场节+森林日	
我们的城市	我在马路边		小达人体验站+地球日
春夏秋冬	春天来了	气象节+踏青日	
动物大世界	在动物园里	快乐动物节+ 世界动物日	
我自己	身体的秘密		小达人体验站+爱眼日、爱牙日

时间配比:

节——每周五活动一次,为期一月

日——一天

体验站——每周五活动一次

② 不一般的小达人体验站——真情景。

一日生活即课程,为了给幼儿更多选择机会,充分挖掘幼儿园周边一公里资源,我们开展并深化"小达人体验站"活动,即每双周周五去社区各个场所选择活动,去菜场、去超市、去邮局、去敬老院等,充分积累真实的生活经验,让孩子在其中真生活、真选择、真体验,提升幼儿在真实生活情境中解决问题的能力,培养幼儿社会交往能力。

【案例】一次买菜

在"小达人体验站"的活动中,我们给了幼儿很多选择机会,那幼儿的选择在哪里?

A. 头脑风暴,投票选择

幼儿通过前期共同制作的海报宣传活动动态与告示,讨论出周边社区活动的九大项目(包括购物、买菜、缴费、义工、存款、寄信、消防、医院、影院),定好项目之后,再自主投票选择,最终决定出本次活动的六项活动项目(购物、买菜、缴费、义工、存款、寄信)。

▲选择在哪里——选择在项目确定中

选择项目确定的同时,我们推出了特色活动计划,使外出活动有保障,能有序地开展。此计划从活动项目、活动方法、活动时间、人员安排上都有保障,以确保活动的正常开展。

B. 挂牌预约,选择内容

幼儿在自由活动时,根据自身的特长、兴趣爱好等,自主选择活动项目,完成"小达人体验站"挂牌预约。

▲选择在哪里——选择在项目预约中

当孩子挂牌预约好以后,下一步就是讨论具体的活动方案,如"菜场买菜"这个小项目一共有12个小朋友选择,在活动前大家进行了讨论,并设计了出行计划书。

其一,明确目的,幼儿制定买菜清单,事先选择买菜区域;其二,材料准备,和父母协商准备买菜的资金和菜篮子;其三,明确注意事项,提示注意安全,自主结对合作,分管好物品;其四,分工清晰,明确这次出行活动的动机。

为了保障活动的顺利开展,幼儿以小组为单位(三人一组),尝试制定活动方案,自主协商分工,并设计了买菜分工书。幼儿会从不同角度去协商分工,因为经验不同,关注不同,设计也不相同。有的分工书主要是任务的分工,幼儿会让其中一个同伴负责资金,一个同伴负责采购,还有一个同伴负责拎货。还有的分工书中,幼儿把可能遇到问题都设想到,而后再选择分工,一个同伴负责所有资金和采购,一个同伴负责核对重量(公平秤),还有一个同伴负责清单的匹配,验证物品。

▲选择在哪里——选择在协商分工中

C. 走进现场,选择活动

在教师的组织下,孩子们来到了菜场,开始"小达人体验站"活动。

问题1:我的菜在哪里?

文文、涵涵、宸宸三人小组走进了菜场,一股浓浓的味道扑鼻而来,许多的摊位摆在眼前,女孩文文一下子有点不知所措:"这么大啊,该往哪里走呢?"一旁的宸宸指着指示牌说:"这好像是蔬菜标志,蔬菜应该都在那里,跟我走吧。"他们来到一个蔬菜摊位,上面整整齐齐摆满了几排蔬菜,文文看了看手中的计划书说:"我们要买番茄。"宸宸一眼就锁定了番茄的位置,马上用第几格第几列的方式告诉摊主他所需的蔬菜在哪里,不一会儿就完成第一个买菜任务。这说明了宸宸对序数、命名数的概念掌握得很棒,能灵活运用。

问题2:蒜和大蒜是一家人吗?

一旁的涵涵说:"我们还要买蒜呢。"卖菜叔叔听到了,马上给他一个大蒜头,他看叔叔给的大蒜头,眉头皱了一下,说:"这不是我要的。"叔叔想了一想,拿了一把大蒜:"是不是要这个呀。"涵涵看了看说:"就是这个,咦,大蒜和蒜头是一家人吗?"旁边的文文听到了,说:"对呀,一个是蒜的种子,一个是它的叶子。"宸宸也马上接着说:"是的,上次我们了解过有的蔬菜是吃根,有的是吃茎,有的吃叶,还有的吃花呢。"孩子们可以带着这个问题回到班级的主题学习活动中,继续探索"有用的植物"。从中我们可以看到,生活同样可以链接到主题学习中。

问题 3：哪些蔬菜是新鲜的？

孩子们再看看计划书，发现还有土豆、青椒、莴笋没有买，在挑选这些菜时，他们头头是道。文文说："有芽的土豆不能买。""为什么不能买呢？""因为有毒啊！"涵涵说："瘪瘪的青椒不新鲜，不能买。""怎么又不能买了呢？""都瘪了没有水分了，不好吃了！"辰辰说："莴笋上有黄叶也不新鲜。""把黄色去掉不就可以吗？""有黄叶说明时间放久了，肯定不新鲜。"原来最近大班正在进行"有用的植物"主题学习，孩子们在主题学习中积累了一定的经验，成为了买菜小达人。

问题 4：可以便宜些吗？

买完菜要付钱了，孩子们又表现出不同的状态，瞧，文文买完土豆后还会问卖菜叔叔要点葱。辰辰买了两个番茄价格是 5.1 元，她会跟卖菜叔叔说我给你 5 元。孩子们还会讨价还价，生活经验不同，表现出来的状态真不一样。

▲选择在哪里——选择在于买菜的方式中

——选择在于经验的传递中

——选择在于解决问题的方法中

D. 活动体验，选择分享

到了分享环节，孩子们可以进行两次分享，一次是幼儿与所选择项目的同伴和老师进行一次分享，还有一次是幼儿回到自己班级中进行。因为有了充分的实践经验，因此孩子们都愿意分享。

教师问一个男孩："为什么袋子一直是你拎着？"男孩说："因为我是男孩子，我力气大，不能让女孩拿重的，我要保护她。"从中可以看出孩子独立自主的能力和相互帮助、团结友爱的精神。

▲选择在哪里——选择在于分享的对象

——选择在于分享的时机

在这次买菜活动中，孩子们收获不少，他们会辨识蔬菜了，会挑选蔬菜了，会用 10

元钱购物了,还会讨价还价了,看似一次日常的买菜,收获可真不少。

我们的收获:

1. 给孩子机会选择,他就能具备决策能力。

2. 给孩子空间选择,他就能充分发挥特长。

3. 给孩子同伴选择,他就能促进交往能力。

4. 给孩子任务选择,他就能逐渐学会独立。

5. 给孩子问题选择,他就能不断挑战自我。

不断实践,让我们发现:

1. 有选择能力,能推自主能力。

2. 给问题情景,能激自主选择。

3. 拓选择空间,能促自主发展。

第三阶段"关键点":主动做——注重赋权赋能。

思考:自主教育的关键点是什么——让孩子享有自主权利

当幼儿能非常自主地做出选择的时候,我们感觉践行自主教育又进入了瓶颈,不断审视自己,自主教育的关键点到底在哪里? 我们又该往哪里走? 赋权是践行自主教育的关键,有的教师是否往往嘴上说赋权,但还是不放心,总是无法彻底将相应权利交放给孩子。给孩子赋权,不只是形式上的赋权,要如何真正做到自主赋权? 这些问题成为这一阶段研究重点。伴随着思考和教育形势的发展及对办园理念诠释的迭代,我们看到了真正赋权对开展自主教育的重要性,能促进幼儿主动做。在开展自主教育的过程中,我们坚持"儿童优先、儿童平等、儿童参与"三大原则,推出幼儿自主协商的"小Q议事会"等活动,给幼儿充分表达自己对活动主张的机会,将幼儿纳入参与幼儿园环境、课程建设的全过程。

其一,剖本质。挖掘课程内涵,剖析自主教育本质,厘清对育人目标的定位。对于"青品"课程,用"青苹果"的谐音来诠释课程价值,即尊重生命之"青",启蒙自主之

"品",培育快乐之"果",重视每一位幼儿的成长过程,赋权幼儿,启蒙自主来焕发持续成长的生命活力。

其二,成闭环。反思之前课程共同性和选择性分开,如何能真正培育自主? 本轮我们将选择性课程和共同性课程形成闭环,更加侧重向共同性课程融入,让幼儿不断回顾自己的经历,提出意见。基于幼儿提出的意见,不断调整和支持,体现"青品"课程特色,面向每一个幼儿,让幼儿都能主动参与并获得。个性化教育,是教育的最高境界!

【案例】基于真需要的自主点心

在点心环节有幼儿提出为啥吃点心不能在桌子铺上好看的桌布,其实驻足仔细听,能听到幼儿对点心环节还是有很多需要和想法。我们基于幼儿的需求和建议,开展班本化点心的实施,鼓励孩子自己选形式、选桌布,班级定期推进"三位一体"会议,确保班本化点心和个性化教育的实施,体现"青品"课程特色。

A. 听——听童心,知需求

❖与小班孩子的讨论

教师:"如果给你们选,你想在什么样的地方吃点心呢?""老师,我喜欢在动物餐厅,有毛茸茸的玩具小动物陪着,可以边玩边看边吃,很开心。""妈妈上次带我去邮轮上玩,邮轮上的餐厅好大,出去还能听到海浪声。""我喜欢维尼熊,如果能在维尼熊的餐厅里吃点心,我会吃得更快的。"

分析:小班孩子喜欢在童趣、可爱,有真实感的环境下吃点心。

中大班老师则组织孩子们分组讨论,"如果可以有不同的吃点心方式,你们想怎么吃? 说出你们的理由,我们选择最佳的一种方式来试试。"

❖中班孩子:"吃点心时如果可以和朋友坐在一起,边吃边说说话,那就开心了。""能不能不要总是在餐厅里吃点心? 可不可以到其他地方去吃?""我家的桌子是圆桌,我家的桌子是大方桌,可不可以换种桌子? 幼儿园的桌子都是长方形的,和好朋友都分得很远……"

分析：中班孩子慢慢开始渴望与同伴有更多亲近的机会，有了接触新事物，尝试新方式的意愿。

大班孩子："爸爸妈妈带我出去玩时，每次住的酒店都有丰富的自助早餐，想吃什么就选什么，想喝什么就倒什么，好开心，为什么幼儿园的点心不能这样呢？""在餐厅里吃饭时都有服务员为我们服务的，我点好吃的东西，服务员会送到我的桌子上，这样好享受啊！""每天的值日生除了负责照顾植物、整理教室、帮助老师做一些小事情，其实也可以帮妈妈老师做些事情，我们的本领可大了……"

分析：大班孩子生活经验较丰富，并且有了主动承担任务，为同伴提供服务的意愿。

B. 变——变花样，圆心愿

基于对孩子们自主点心需求的分析，我们的老师陷入了深深的思考。通过翻阅书籍，组室研讨，双项整合之后，我们变出了各种吃点心的花样经，来满足幼儿自主点心的需求。

a. 小班——"景"上添花，让幼儿爱上点心

《生活活动》一书指出：幼儿园必须为幼儿创设一个愉快、温馨的生活环境，从情感上赢得幼儿。而小班幼儿更需要温馨的环境，让其产生积极的情绪情感，愿意参与到幼儿园的各类活动中。

环境创设：

以幼儿喜爱的卡通人物，熟悉的生活场景作为主题，创设富有主题情境的点心环境，如小动物森林餐厅、邮轮餐厅、维尼餐厅等，让幼儿爱上点心活动。

重点关注：

1. 用欣赏信任的心态去鼓励幼儿尽量自己完成每件事。

2. 用形象生动的指导语来引导幼儿愉悦地吃点心。

b. 中班——浓情蜜蜜,让幼儿乐享点心

《指南》中提到:4 岁的孩子从以自我为中心逐步转向交往的需要,有意性行为也开始发展。同时,幼儿园的资源就是为孩子一日生活所服务的,只有打开空间,幼儿才会更自主,社会性才能得到更好的提高。

环境创设:

1. 放宽点心时间,营造一个轻松愉悦,便于交流的用餐环境和氛围,提供预约板等,鼓励幼儿自由选择同伴和用点心的时间,与好朋友一同吃点心。

2. 打破点心空间,开放幼儿园公共环境,提供预约板,幼儿可自由选择用点心的场所,体验不同环境下与好朋友一起用点心的快乐。

3. 打破班级格局,投放不同的餐桌,幼儿可自由摆放,自主选择和同伴在某一个餐桌上用点心,在私密的空间下边吃边聊,体验用点心的快乐。

重点关注:

1. 关注幼儿愉悦地吃完点心后的文明意识。

2. 关注值日生服务管理的主动意识。

c. 大班——"端"前顾后,让幼儿享受点心

《指南》中提到:5 岁幼儿在生活自理方面较前更独立了,他们喜欢参与成人的劳动,在劳动中表现出一定的责任感。因此,教师可以创设更为宽松、自主的点心环境,并发挥值日生的作用,引发幼儿自主管理点心过程,促进幼儿为自我服务、为他人服务、为集体服务意识的发展。

环境创设:

自我服务式:幼儿自取托盘,分别放入点心所需的所有物品,包括点心、牛奶。值日生在旁引导和提醒,并最后为其提供热热的毛巾,送上暖暖的一份"爱的服务"。

值日生点餐式:幼儿自由入座,由值日生送上点心餐单,幼儿根据需要自由选择点心。值日生根据幼儿的选择,送上相应的点心。

值日生服务式：幼儿选择点心套餐，并坐在相应的套餐餐桌。值日生根据幼儿的选择，送上相应的点心套餐。

重点关注：

1. 值日生"全局统筹"，彰显管理能力。

2. 教师"从旁协助"，弱化主导意识。

陶行知先生说过"过什么生活便是受什么教育；过好的生活，便是受好的教育，过坏的生活，便是受坏的教育。"我们相信孩子在"花样百出"的点心环境下，能养成良好的生活习惯，形成使其终身受益的文明生活方式和能力。

其三，重赋权。为了更真实了解幼儿需求，更多赋权幼儿，我们在一日活动中推出"小Q议事会"，让幼儿自主讨论自己亲身经历的活动和事情，提出建议。为了不断地在环境创设中充分体现"亲历体验、个性表达、活力成长"的课程理念，让幼儿创设自己的幼儿园环境，我们召开了一年一度的幼儿代表大会，鼓励幼儿大胆提出建议，比如各园园舍改建修缮，让幼儿参与设计，安排幼儿和设计师、园领导反复对话等，将中环园、欧泊园一楼教室往户外开门、增添平台等，都是听幼儿意见，彰显小主人的权利。幼儿园"一馆、一露台、一阳台"成为课程环境特色。

我认为，环境应支持幼儿学习和发展的空间再造。学习无处不在，幼儿园的环境创设决定了幼儿学习和发展水平。我们不再单一认为环境就是环境，而把环境当作支持幼儿学习和发展的空间再造，让空间基于幼儿需要不断拓展，不断给予支持。

环境空间不仅是幼儿展示和分享交流的空间，也是幼儿学习过程的资源中心，幼儿在园内通过收集、布展、互动获得多元经验。为此我们创设了儿童博物馆，创设了以幼儿生发活动为主的"小Q博物馆"，不断听取幼儿意见，让幼儿自主选址，并确定主题，彰显自主特色，周边社区环境充分挖掘，构建校园文化舆论场，让青品文化落地生根。

社区和家庭应当作协同发展的第三空间。其一，注重不同资源的开发。如开拓一公里课程资源,与文化中心图书馆结对等,给幼儿丰富资源;初步推出家园自合一体机制,即家园在理念、行为上的自然契合,因为疫情,特色活动不能组织外出进行,我们在周五园内定计划,周六周日让家长陪同参与,用照片录像反馈,还推出"爸爸天团""家长微课"等,共同保障孩子发展。其二,注重不同需要的满足。给有空、有意愿的家长提供"第三空间"活动清单,让家长们选择,给家长没空的孩子也有更多开阔眼界的机会,让每次出去活动的幼儿带回来视频、照片、展品、介绍等,让幼儿在幼儿园也能开阔眼界,满足幼儿的不同需要。

第四阶段"生长点":反思做——注重分享支持

思考:自主教育的生长点是什么——让孩子学会评价反思

当赋权幼儿之后,我们发现幼儿自主能力提高了很多,因为自主教育给了幼儿更多空间,但我们又要思考还应该往哪里走? 一次次真实的实践,一个个鲜活的案例,说明幼儿是具有评价反思能力的,只有给予幼儿信任和可能,他们才能依据同伴的评价做自我调整,并尝试自我评价和反思。因此,我们要思考是否给予了幼儿这样的信任和机会? 我认为自主教育应该是师幼共建、双向奔赴的过程。

"青品"课程讲究的就是尊重每一个幼儿的需要,在"幼儿发展优先"的理念下,不断探索、实践以幼儿为主体的评价,结合市级课题"聚焦幼儿自主发展:园本课程评价的实践研究",在一日活动中融合评价,给孩子更多评价的机会。因为在评价中可以看到孩子的不同需要,比如将值日生的评价转为一节高结构集体教学,从六个值日生变成一个值日生,存在哪些问题,怎么解决?

这个阶段我尝试基于儿童视角的评价改革,主持市级课题"聚焦幼儿自主发展:园本课程评价的实践研究"。为了让每一位幼儿都能在不同的时机、不同的情境中,采用适切的方式开展自评与同伴互评,我们探索形成了 6 种以幼儿为主体的评价方式,开发了"幼儿自主表现行为的观察指引"以及"观—识—评—改"的教研制度,满足幼儿自主需要的改进与优化,在这个过程中,师幼共同反思、共同成长。

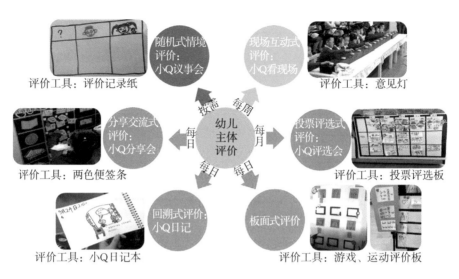

图 2-2-1 幼儿自主评价方式图

（三）队伍"重双品"——为"课程生长"推波助航。

思考：课程如何生长——文化推波、队伍助航

作为园长，我也在反思，一直说相信孩子，可我们有没有真正相信自己园的每一位教师呢？我经常问自己，是不是相信每一位教师最真实的感受和体验呢？是不是敢于相信他们在课程抉择的时候，有自我的认知和有效的自我调节、自我演进呢？当和我的意见不同，是否真的相信有他的道理，愿意静心倾听呢？

课程链接孩子和教师，要不断生长，软实力非常重要，为此青苹果推出打造"双品质"举措，即推进品质幼儿园、品质教师，打造的"双品质"文化自觉机制，努力打造一批具有"我要、我思、我行、我乐"四我素养的品质教师。青苹果人在十余年探索中，凝练了与"青品"课程相匹配的校园文化理念——"青出于蓝，生发成长"，寓意青苹果幼儿园具有自主内生、人才辈出、追求卓越、不断创新的精神风貌。

作为第四轮上海市提升中小学(幼儿园)课程领导力项目学校,我们一直思考课程领导力的主体不仅是我,还有我们的教师,教师是关键。对园长来说,实现师生的同频共生就成为我们必须要研究的重点项目。其中,我们认为非常必要的一条路径就是放开组织管控的有为之手,敢于赋权教师,善于赋权教师。

其一,从"我"到"我们"的发展。让教师们真切感受到不是只有我,而是我们一起在前行,能依托团队共同发展。其二,从"我听"到"我想"的发展。很多时候,教师呈现出比较"乖巧"的状态,园长说啥就做啥,会倾听,会执行,但是我们更需要培养从"我听"到"我想"的教师队伍。其三,从"赋权"到"支持"的发展。不仅要考虑赋权,还要考虑教师发展的支持保障系统,既给空间,又给支持,这样才能真正促使教师成长。作为教育部安吉游戏基地,我们经常开游戏故事分享会,之前我们仅在舞台上听教师讲故事,但我们发现仅仅这样不能满足教师的需要,于是,我让更多的教师组团去思考一场分享会的价值是什么? 故事会的形式、时间、地点、人员都由老师们自己决定。同时,问教师们想怎样组织一场分享会,分享的内容是什么,以及教师喜欢的更加具有价值的评价该如何? 要形成让人人成为决策人,人人成为主持人,人人成为评价者的校园文化。赋权,让生活处处都是舞台,人人都有人生出彩的机会!

 三　凝练思想,持续深耕

"青品"课程的内涵是随着时代发展而发展的,要促进每一位孩子发展,提高每一位教师对于幼儿生命成长意义的认识和重视。在发展路上,我们把所有的思考形成习惯,凝练成园长的思想力,持续深耕,促使课程不断生长。

(一) 要始终相信和质疑

一直以来我们都会觉得自己很爱孩子,这点我很相信,但我们要质疑的是爱的方式,不断努力培养质疑精神。

＊不能躺在经验的温床上。我们要从经验抽离出来,不断思考课程背后的价值体系,不断用任务撬动自己的专业内省,用质疑激发教师的使命担当,用对话实现师生的同频共生。真正让经验,不断经历科学性的实践论证、思辨质疑,从而抽离形成自己的概念。

＊不能用惯性的话语体系和行为方式。去权威性,复盘自己的话语体系和行为方式,充分思考,怎样更合适?

＊不能忽略赋权背后的支持体系。倡导幼儿自主,给幼儿无限的权利,但是更要思考教师背后的教育支持,这是个双向奔赴、共同成长的过程,应充分思考赋权背后的支持体系。于是,我们开展"五个一次"对话,一次与孩子的平等对话,一次与自己的深度对话,一次与同伴的协同对话,一次与课程的关系对话,一次与经验的思辨对话,让教师不断反思、调整支持。我们倡导儿童自主,但不是放任,在倡导"幼儿发展优先"的当前,更要思考我们教师的教育支持。

(二)要强化系统与动态。

1. 建立系统思维

教育形势瞬息万变的今天,要学会"站在未来看现在,站在月球看地球",把自己从事情、从现象、从感受中抽离出来,学会系统思考,让零散的课程行为走向系统的课程行动,形成一系列锁链式的课程运行机制,系统地考虑多方面因素。如我们曾经是个别化学习基地,后来是安吉游戏基地,现在又是教养医的项目组,要从我们青品课程本身考量这些课程板块,让学习和游戏自然交融,托班和特教班的研究都要在青品课程体系下系统思考。

2. 形成动态思维

课程要生长,要根据情况不断调整与改变,要用幼儿的发展,来调整课程行为,所以形成动态思维很重要。当前的课程改革是具有动态的、深沉的、开放的特征,而我们要达成持续的、敏捷的、呼应的课程状态。

作为园长要从课程系统角度去思考课程板块,聚焦完整儿童的培养,所有课程的经历都是成长,关键在于要不断凝练思想。

不盲目、不固执、不封闭、不随意,这是我们的态度。从思考到思索到思想,我们在路上。教育的本质是要提升生活质量和生命价值。凝练思想,让课程不断生长,专注生命成长,努力品质锻造,我们更期待水到渠成!

第三章

青苹果的日常现场

党的二十大以来,教育公平和教育质量的水平不断提升,中国教育进入了高质量发展阶段。作为一名幼儿园园长,我一直思考:怎样让高质量的教育落地?怎样让高质量的教育看得见? 于是,我将高质量的教育糅合进幼儿的一日活动中,让平实而又质朴的日常活动、日常需要成为幼儿的课程,把他们的真问题链接到高质量的发展中,使幼儿真正地成为自己生活的主体。在青苹果,幼儿的学习是学科、儿童、生活、社会等的有机整合,而在实践操作上,更意味着教师要全要素、全过程与全方位推动幼儿的均衡发展。三个全均衡更体现了高质量发展下,对个性幼儿、品质教育的追求。

第一节 环境

伴随着全国、全市高质量发展的需要,我们一直都在思考高质量发展究竟要做到哪些? 幼儿园一般想的是要做什么,而我们还要想为什么要这样做。环境是对幼儿学习与发展需要的支持,是唤醒幼儿、教师双主体成长自觉的实践研究,是师幼共建的环境。为此,我们对幼儿园课程发展有了新的突破,不断解决教师的问题,落实办园理念,进一步挖掘内涵,落到每一个幼儿身上。

青苹果一直遵循"亲历体验、个性表达、活力成长"的课程理念,尊重幼儿需要,真正赋权幼儿,让幼儿创设自己的幼儿园环境,师幼互动共建环境不断生长。在《幼儿园保育教育质量评估指南》中提到:"环境是重要的教育资源,应通过环境的创设和利用,有效地促进幼儿发展。"幼儿园环境要基于师幼互动共建,不断审视和重构。

 审视——基于"儿童立场"的园所环境

如何做到基于幼儿立场的园所环境呢? 我想应该从"过去"到"现在",从"当前"到"未来",从"边界"到"无界"这几个角度来展开。

（一）"过去"到"现在"

在过去日常实践的过程中，我们其实一直在思考：

◆ 有多少环境是幼儿走过会驻足观看和参与？

在拍摄幼儿的过程中，我们发现他们真正会驻足的环境往往是可以互动，可以亲临，也可以变化的环境。有的是可粘贴材料的洞洞板，有的是色彩缤纷的玻璃窗，还有的是孩子们自己的作品。

◆ 有多少环境能满足幼儿不同需要？

幼儿园的环境能不能满足不同幼儿的需要呢？是不是每一个幼儿的需要，我们都要去满足呢？如何去分辨不同环境对幼儿的教育价值呢？这都是我们需要思考的。

◆ 有多少环境可以和孩子对话？

我们一直都在想，环境能不能和孩子对话，真正好的环境一定能有隐性的教育支持作用。所以，我们不能仅把环境看作环境，它更应是满足儿童需要的再造。

由此引发了我们对于环境的三个思考：

◆ 环境不仅有硬环境，还应有软环境。

幼儿园的环境有硬环境，指的是我们所有的硬件设施，那么软环境指的是什么呢？应该是幼儿的互动环境、心理环境以及周围资源的环境。只有硬环境与软环境良好结合，才能最大程度地为幼儿发展服务。

◆ 环境不仅有墙面环境，还有区域环境。

面对幼儿园的大区域，通过每学期的幼代会提案，我们收集了不同幼儿对幼儿园改造的需求。面对幼儿园角落里的小区域，我们采用的更多是随机讨论的方式来与幼儿共同探讨。

◆ 环境不仅可供观赏互动，还应支持亲历体验。

在环境的建构中，我们不仅可以提供观赏性的、体验性的环境，还可以更多地从幼儿的成长记录、情感留念、过程感受去不断寻找再生长的空间。

（二）从"当前"到"未来"

环境应该是从过去到当前再到未来的，一以贯之，保留痕迹。环境改变的背后是对儿童成长经历的记录，也是对课程经历和演变生长的再现与尊重，可以让全体教工和幼儿细细品味，驻足反思，让成长看得见。

1. 我们的环境，就"过去"而言，具有历史性

环境承载着幼儿园的历史、青苹果人的历史以及一代又一代孩子的经历，这既是历史的回顾，也是情感的承载。

在中环园的三楼转角处，有一面幼儿园的历史墙，上面有许多简洁的数字，左上角是年份，右下角是这个年份的重大事件，为什么要有这样一面墙？就是要让每一个青苹果人都能了解我们幼儿园过去所发生的重要事件，就比如2010年我们中环园开办了，而右边的333和36就是中环园的地址。

图 3-1-1　中环园历史墙

2. 我们的环境，就"当前"而言，具有故事性

我们的环境不再和从前一样，而是更多地将孩子们的故事作为环境创设的灵感源泉。幼儿园每一处环境角落的背后都蕴藏着一个孩子的小故事、小经历、小回忆。

在中环园门口洗手池的地方悬挂着铛铛铃,说到这个铛铛铃,也有一个有趣的故事。早上喝牛奶的时候,大一班的小宇说:"妈妈老师,这个牛奶壶又坏了。""这已经是第三个坏掉的牛奶壶了。"妈妈老师说:"把牛奶壶扔掉太可惜了!"一旁的小米说:"我们能不能把牛奶壶变成小风铃呢?"这个想法很有创意,孩子们都觉得可以试试看,就这样,他们邀请老师一起把几个牛奶壶挂在了绳子上。后来他们又有了新的想法:可以在牛奶壶里面放一些小铃铛,这样就能有声音了。铛铛铃不仅成为幼儿园门口一道亮丽的风景线,也凝聚了孩子们无限创意和智慧。

图 3-1-2　铛铛铃

3. 我们的环境,就"未来"而言,具有发展性

对于未来,我们更希望孩子们的环境是具有发展性的,是能不断启发幼儿思考的,是具有意义和价值体现的。

中环园三楼的走廊里,我们还可以看到一面墙全是孩子们提出的 100 个问题。这些问题是孩子们在游戏和生活中根据自己的所思所见所闻提出的,旁边会标记老师和孩子们各自不同的答案。"为什么天空是蓝色的? 什么时候能看到彩虹?""什么是风,能看见吗?""窗户上的雨为什么会向上飘?""鲜花的开花时间是多久? 用什么方法可以让它不那么快枯萎?"通过这样的形式,让孩子自己记录自己的问题,关注他人的问题,产生自身的内驱力。而师生共建的100个问题,也将幼儿的需要与环境有机结合,促使生成性课程生根发芽和落地。

图 3-1-3　100 个问题墙

（三）从"边界"到"无界"

从"边界"到"无界"的思考,其实在中环园的建构室与创意室之间就有融合和链接的转换。

1. 环境空间糅合,促使边界模糊化

曾经中环园的建构室和创意室分别在三楼和二楼,为什么它们变成了同一楼层的活动室呢? 首先,我们解决了第一个实际问题:活动室面积相对较小,如何合理规划? 我们利用走廊面积进行合理的融合,两个活动室的孩子可以共用同一个走廊。其次,我们还解决了第二个实际问题:材料如何多途径地利用起来? 比如木板,在建构室里可以用来搭建各种房屋造型,在创意室里也可以作为展示的展台,让幼儿展示作品并供其他幼儿欣赏。又比如不同的大小石子,在建构室里我们可以用石子堆积成各种造型,而在创意室里,我们可以用不同的石子发挥孩子的各自创意变成一幅幅创意石子画。地域的融合,材料的共用将两个活动室有效地连接与融合起来。

图 3-1-4　建构室与创意室

2. 内外环境贯通,促进选择自由化。

首先,我们改变户外,创设多元场地。根据托班孩子需求,我们创设了沙水池、泥坑、小山坡等户外场地。其次,我们打破围墙,打通内外空间,让孩子可以自由室内外穿梭,让学习和游戏自然融合。最后,我们破墙换窗,扩大幼儿视界,使孩子的眼睛能穿过围墙,给孩子更多探索世界的权利,让老师不用为选择室内室外活动而纠结。

3. 自然环境外拓,促使资源丰富化。

梧桐园的小班距离大门一直要走很长的一条走廊,这是幼儿园衔接外部自然环境与内部生活环境的过渡地带,是孩子们日常会追逐嬉闹的地方。我们把室内的走廊作为一条路的同时,打通了班级的另一扇小门,这样无形间就缩短了孩子们步行的时间,直接绕过走廊从自然角入园,使得原本单调的直线交流环境,变成有收有放、起承转合的序列环境和能够激发孩子们探索自然及户外自由游戏的环境。

 重构——基于"师幼互动"的共建环境

环境应该是可以根据需要不断生长的,因此必须重塑,打造基于"师幼互动"的共建环境,让"倾听、支持、共享、调整"成为幼儿环境打造的支点。

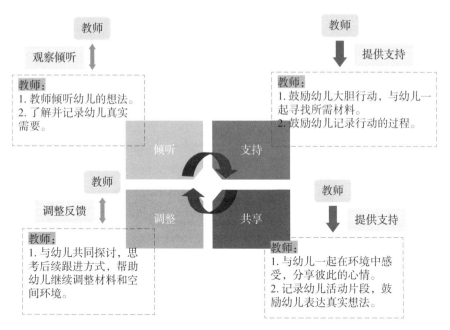

图 3-1-5 基于师幼共建的幼儿环境支持系统

（一）倾听，把聊天当作走进幼儿真实想法的必需途径

我们一直秉持青苹果的教育理念，倾听孩子们的意见，尊重孩子们的想法。在倾听中了解幼儿的想法和需求；在倾听中走近幼儿的世界；在倾听中循证幼儿的真实需要和不同的特点。

在一次小Q议事会上，孩子们在讨论户外运动的环境。中班的孩子说："我想玩球，但是我不想在平地上玩，我想在高一点的地方玩。"另一个孩子说："那我们该怎么办呢？爬到高的地方是爬树吗？""不！这样很不安全。""我们还是不爬树了，那有没有其他的方法可以在高一点的地方玩球呢？"旁边的刘老师听到了，说："我们可不可以做一个像台阶一样的山坡，或者是一个通道？"另一个男孩说："刘老师，我很喜欢骑自行车，但是在平地上骑自行车我已经觉得没劲了，能不能做一个环形的自行车道？"男孩的想法启发了刘老师，她问："要不我们就试试看，做一个环形的自行车道，这样的话既可以骑自行车，又可以把球运到高的地方去玩，你们看可以吗？"孩子们很高兴地同意了。男孩自己收集了一些资料，并画了设计图。刘老师拿着孩子的设计图在教研活动时把建议告诉我们，我们采纳了刘老师的建议，设计了一个环形向上的通道。

图 3 - 1 - 6　向上环形道

环境决定课程,不同环境的创设都是对幼儿多样化体验的支持。山坡登高滑低的体验,环形滑梯的体验,都是环境对课程支持的样态。互动中的认知只是一个维度,我们更多思考的是孩子持久的兴趣,探究好奇,把结果变成过程,让孩子更多去发现收集,刺激课程样态变化。

（二）支持,把环境当作支持幼儿学习和发展的空间再造

对于幼儿园环境的变化,我们更多提倡的是支持幼儿自主经历、自主选择、自主建构。

1. 支持自主经历

我们在幼儿园附近拓展了幼儿园的"一公里资源",梳理教育可用资源,结合幼儿园特色活动,开展让幼儿能自主选择、亲历体验的特色实践活动,拓展空间,支持幼儿的自主经历。同时,与中环一号、梧桐城邦居委会、宝山消防支队大场中队、大场文化中心、大场星堡敬老院等社会组织建立了结对机制,共享教育资源,让社会教育走入幼儿园,注重运行资源整合,树立了"大手牵小手"的双向服务意识。

2. 支持自主选择

我们一直都在思考如何去支持孩子的自主选择？其实在游戏中,我们会根据幼儿的需求进行一物多用,充分利用同一种材料,发挥幼儿的创造力和想象力。

【游戏中的一块布】

游戏中,孩子们自发带来了一块非常大的布,这块布作为他们游戏的道具材料发挥了重要的作用。时而变成了一面染色的背景墙,时而变成了孩子们涂鸦的材料,时而变成了桌布,用来摆放各种游戏道具,时而变成了一整条布艺的长廊。就是这样,我们对这块布进行了多元创造和应用,在与幼儿讨论的过程中,发现了这块布多样态的使用方式,充分地利用了它的价值。

图 3-1-7　布艺廊

3. 支持自主建构

如何支持幼儿的自主建构？在中环园的操场上，我们鼓励幼儿自己去分割场地，将幼儿园的三棵大树与大型玩具进行了巧妙地分割，使传统的单一线性序列转为多条平行的非线性序列，即"片段化"环境与非线性序列的价值同样适用于幼儿认知划分的环境设计中。

（1）建构孩子和自然的关系

孩子们天性热爱自然，所以我们希望脱离传统的花花绿绿、绚烂多彩的幼儿园概念设计自然生态的环境。对孩子们来说，最合适的感受永远是四季冷暖变化，花落花开，光线与阴影，以及自然中的一切，所以营造一个最接近自然的环境，才能让孩子们更好地去感受，然后用他们所感受到的来填充这个环境，而不是用过多的元素去干扰他们的感官视觉。

【感受四季更替的自然现象】

户外的自然环境，我们除了增添果树外，还在家委会的建议下增添了桂花树、樟树、樱花树等，包括四季常绿树、两季树。漫步樱花树下，一簇簇樱花如云似霞。樱花树一年开一次花，而樟树一年开两次花。大班的孩子在玩游戏时，会用樱花泡制各种樱花茶。其他幼儿园的老师来参观时,孩子们会主动将樱花茶泡好,递给老师,让老师们感受到不一样的人文氛围。这就是人与植物,人与四季的关系,也让幼儿通过多重感官感受到四季更替的自然现象。

【猜猜这是什么果树】

曾经在一次户外游戏中,我们看到几个孩子对着一棵"新"树聊天:"这是什么树?会结果子吗?""我觉得是梨树。""不对,我觉得是橘子树。"

余老师听到了孩子们的对话,说:"要不我们来猜猜吧,看谁猜得对,不过你们要说清楚理由。"这样的建议立即得到孩子们的同意,于是,"猜猜是什么树"的活动就这样开始了,他们还共同绘制了一张关于猜猜小果树的照片,中间有许多有趣的小插图。没过多久,所有的孩子们都开始参与到这个猜果树的活动中。

(2) 建构孩子和事物的关系

幼儿园环境设计不仅对孩子们的成长带来了隐性的辅助教育作用,也承载着品牌的文化,当走进幼儿园时,往往会被幼儿园环境的氛围所感染。所以,在环境的设计上,我们幼儿园也根据幼儿的需求,构建了幼儿与事物的关系,并进行了改造。

【中庭的留白】

幼儿园的中庭,是一个多功能的空间环境,对于孩子们来说,它的作用也是多方面的。孩子们在里面可以玩一些民间游戏,如踢毽子、滚铁环、打羽毛球、跳格子等。下雨天的时候,他们还会在中庭里做广播操,自由活动的时候他们会搬起自己的小椅子到中庭和好朋友聊天,中午睡觉之前,有些孩子会搬来一个长板凳,在里面躺着休息。最近一段时间,大班的孩子们提出:"希望有一些关于英雄人物的展览。"于是红色博物馆的展览在中庭诞生了,中庭就变成了展览厅。除此以外,孩子们还会在六一儿童节或者是大班毕业典礼上,自己准备各种节目,罗列好节目单后,在中庭进行现场排练。孩子们在玩游戏时发生了争执,为了不影响其他孩子的正常活动,他们也会在中庭各抒己见,表达自己的真实看法。

图 3－1－8　中庭

中庭使得原本封闭在班级单元内部的活动被解放出来,我们幼儿园的设计重点在于交流环境的设计,尤其体现在对其空间多义性的拓展,根据幼儿需要及时调整班级单元之间的组合方式,以适应不同的环境需求。在任何恶劣气候下,幼儿都可以获得环境适宜的充足活动环境,为幼儿的多样化活动提供更多的可能性,这种新的设计理念和设计方法可以有效指导当前的幼儿园设计活动。

【户外灯箱形式指示牌】

不知道老师们有没有发现这样一个情况,每当孩子在寻找自己的运动区域时,常常找不到活动的地方,这个时候他们会选择寻找一个合适的参照物。就好比当我们在国外旅游时,为了找到回旅馆的路,会寻找一个标志性的参照物是一样的道理。其实对于刚入园的孩子来说,幼儿园的环境是陌生的,是不熟悉的。怎么样去解决这个问题呢?我们在平时和孩子们聊天的过程中,共同商量,通过一个灯箱形式的指示牌,为幼儿创造了更多的自主选择的环境,即符合儿童认知来划分区域。孩子们用自己的方式去记忆每个不同场地,就比如运动的时候,他们就会用这样的方式找到自己运动的区域。灯箱形式的指示牌不仅帮助他们记忆不同运动区域的位置,而且让孩子用自己的方式去寻找到合适的区域。

图 3-1-9　灯箱指示牌

(3) 建构孩子和他人的关系

我们发现孩子与他人的关系不断影响着环境的改变,就比如中环园的成人厕所和小朋友的活动室在同一片区域,孩子们非常好奇老师的厕所是怎么样的,想布置一下让厕所更美观,所以他们自发制作了彩色小灯泡来隔断厕所和活动室,形成一个半封闭的可透视的环境,他们自己也会走进去看一看,欣赏自己为老师们的创作。而在厕

图 3-1-10　彩色小灯泡

图 3-1-11　厕所门上的标识

所的门上,我们也能看到孩子们绘画的不同标识,帮助老师进入不同的门,在东西遗失时可以方便寻找,让厕所文化与幼儿的创造有机地融合起来。

【成人橱窗与幼儿荣誉墙】

在中环园的一角,我们可以看到成人橱窗,里面张贴了我们所有老师的荣誉证书以及他们的获奖称号。而在另一个角,我们同样为孩子也创设了一面荣誉墙。这是孩子们自己设计的荣誉墙,他们把自己的成果张贴在这里,有的是跳绳冠军、搭积木冠军、叠被子冠军,还有全班长得最高的人、头发最长的人等。孩子们的"荣誉"也为幼儿园的荣誉增光添彩,这是成人区与儿童区的有机糅合,也体现出当下幼儿园倡导的理念,即师幼平等的师生关系。

图 3 - 1 - 12　荣誉墙

【修风车的故事】

托班教室的门口有一块非常大的草坪,在草坪上很多大一班孩子们自发带来的一些风车。大一班的孩子想通过制作风车来装扮幼儿园的环境,他们采用了绿色的波点装饰风车,而托班的孩子们看到了这些风车都特别的感兴趣。有一个叫憨憨的托班孩子,看到大一班孩子制作的风车,觉得特别好玩,就走过去把风车从泥土里拔出来,高兴地说:"我最喜欢这个风车了。"但是大一班的孩子们看到了很生气,因为他们觉得托班的孩子并没有尊重他们的劳动成果。苗苗说："我们给憨憨一个做好的绿色风车不就好了吗？"苗苗和老师一起把单独的小风车带给憨憨，可是憨憨却拒绝了。"那该怎么办呢？"大一班的孩子都一筹莫展，终于他们想出了一个好办法：每天自发地请一位值日生去修门口的风车，每天早上来园的第一件事就是去看一看风车到底有没有直直地插在泥土里。

（4）建构孩子和自己的关系

如何构建幼儿与自己的关系？这是我们一直都在思考的问题。其实环境对于幼儿的价值，不仅仅是幼儿园的事、园方的事、老师的事，更要体现出以幼儿为主体的环境创设对于幼儿自身有着非凡的意义。

【108 块毛巾】

这是孩子们的毕业纪念礼物，他们用各种颜色的颜料在自己用过的毛巾上涂鸦，然后把毛巾串起来，做成一幅毛巾挂画。孩子们很兴奋地和老师们一起把毛巾挂在墙壁上，这 108 块毛巾承载着他们对幼儿园依依不舍的情感，也寄托着他们对幼儿园三年美好时光的怀念。108 块毛巾让孩子亲身体验，通过回溯激发情感，产生了共鸣。

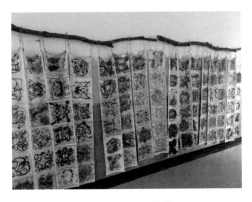

图 3-1-13　毛巾挂画

【留念石】

在中环园的大门口,我们可以看到有几块留念石,每颗留念石上都有孩子们各自涂鸦的造型。这是每个班级的孩子自发集资购买的石头,通过与同伴、老师共同讨论后,在石头上印刻出来的涂鸦造型。有的孩子说:"我想画上小花的图案,因为这样幼儿园的环境可以更美!"还有的孩子说:"我希望能画上心形图案,因为这样就能表现我爱我的幼儿园!"

孩子们把这几块留念石珍藏在幼儿园一个转角的地方,为自己毕业以后留下创作的痕迹,这寄托的是对幼儿园的一份情怀,也体现出他们对幼儿园小伙伴们的真挚情谊与对老师们依依不舍的感情。

图 3-1-14　留念石

【手印墙】

同样是在幼儿园的大门口,我们会看到一面非常大的手印墙,每一个手印都是孩子亲手粘上颜料拓印上去的。这样的拓印墙对于孩子们来说虽然只是简单的一笔,但对于幼儿园的环境来说却是极富有价值和意义的。孩子们通过自发地创造手印,感受到自己与集体的关系,个体与整体的关系。在其中,我们还可以感受到孩子对幼儿园的认可程度,其实取决于环境在幼儿园的使用程度有多高。我们为孩子创造自己,支持自己,并成就自己提供了条件,让孩子感受到自己在集体中的价值,每一个孩子的手印被看见、被欣赏、被尊重,这也是孩子们自己重新审视自己的过程和有效途径。

图 3-1-15　手印墙

(三) 共享,把环境当作呈现幼儿学习过程的资源中心

我们的三所幼儿园都创设了无界、博物、自主的儿童红色博物馆,这些红色博物馆都由孩子们自己布展、自发讨论、自由展示。在这样的资源共享过程,也把环境当作呈现幼儿学习过程的资源中心。

1. 加强区域馆校合作

(1) 重点:我们梳理整合了区域红色教育资源,在区域馆校合作背景下形成幼儿园红色文化教育方案。

(2) 难点:通过结合国家地方育人目标及幼儿园理念,梳理幼儿喜闻乐见的,且符合幼儿年龄特点的红色教育内容,探索形成幼儿园红色文化教育的新形式。

（3）突破点：

◆ 如何让幼儿园环境成为资源中心

我们运用家长资源,拍摄走红色路线的视频,将幼儿园的环境变成资源中心,有了交互功能,即使是没有去过红色场馆的幼儿,在园内也可以"云参观",进一步开阔眼界,不断让家园共育有效联结。

◆ 如何在户外两小时背景下解决室内活动室闲置现象

现在越来越多的活动都在户外进行,室内活动室逐渐被闲置。面对此种情况,我们将室内空间开放给孩子,让孩子自主选择,重构活动室,根据课程的需要、孩子的需要不断生发,帮助室内活动室重新焕发活力。

◆ 如何降低成本积极创设

我们结合多种低结构材料、自然物、幼儿家中收集的各种材料共同创建环境,通过家长资源,用多元的途径和方式在低成本的情况下积极环创。

◆ 如何平衡好政治规定性和园本自主性

爱国教育作为当前教育体系中的重要内容,但因其具有政治规定性,国家标志、国家象征等不可随意更改,所以需要教师进行判断和把握。我们充分利用"红色博物馆",将爱国教育渗透至环境创设中,并结合园本自主性,采纳孩子们真实可行的想法,在师幼共建的过程中达到对幼儿进行爱国教育的目的。

（4）特色：

无界——与传统的幼儿园博物馆不同,我们希望"让孩子的眼睛越过围墙",打破传统幼儿园博物馆中对于场地、时间的限制,将幼儿园"无界"红色博物馆活动糅进一日生活中,同时联动家长资源、社会博物馆资源,进一步拓展幼儿的相关经验,最大限度地给予幼儿自主权,力求实现时间无界、空间无界、资源无界。

博物——我们以呈现方式的多样、思考维度的多元、活动过程的动态来进一步支持幼儿"博物意识"的养成。红色博物馆中各种展品的呈现方式是非常多元的,既用传统的展台呈现展品,也用录音笔、点读笔、投影、电视等数字化方式进行呈现,幼儿可以自主选择适宜的呈现方式。同时在活动过程中,幼儿需要根据主题收集大量信息,从不同维度来思考设计博物馆展出的方式,思考的维度也是多元的。整个红色博物馆活动的过程是动态变化的,一次布展并不代表活动的结束,幼儿可以根据参观者的建议、交流分享中的问题等不断调整博物馆,进一步丰富幼儿的博物体验。

自主——在"无界"红色博物馆中,幼儿能够自主选择感兴趣的主题,结合主题寻访收集相关资料。教师、家长为幼儿的资料收集提供了最大程度的支持。对于博物馆活动的场地、时间,幼儿均能自主选择,幼儿园的角角落落、一草一木都能够为幼儿所用。在整个策划展览、布置展览的过程中,幼儿更是活动的主体,能够自由提出自己的想法,通过记录、绘画、录音等进行表达,在交流分享中自主评价,进行自主调整,整个活动充分体现了幼儿的自主性。

图 3-1-16　红色博物馆

2. 运用区域红色资源

我们梳理、整合了区域内现有红色文化资源,从中选择幼儿喜闻乐见的,且适合幼儿年龄特点的红色文化,形成了区域红色文化资源库。同时进一步挖掘区域内已有的教师资源、家长资源、党群资源,进一步梳理整合红色文化教育资源。

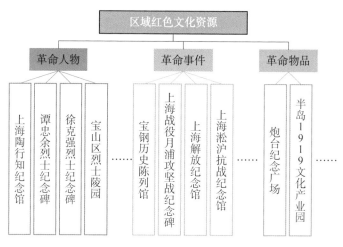

图 3-1-17　区域红色文化资源

3. 实施红色博物馆活动

我们以"红色博物馆"作为特色实施方式,进一步联动家长资源和社会资源,通过区域馆校合作拓展幼儿相关经验,最大限度地给予幼儿自主权。例如,在红色主题"国歌"中,我们将红色文化教育融入一日生活,在生活中的升旗仪式上让幼儿共唱国歌;在运动中让幼儿模仿革命先烈勇敢挑战;在游戏中让幼儿自主搭建了天安门,围坐在一起唱起了国歌;在学习中教师追随幼儿经验生成了集体教学活动"国歌的故事"。在特色活动"红色博物馆"中,大班幼儿自主构建了"国歌博物馆",进行共同选择、寻访收集、动态展示、交流分享、参观陈列。

(四) 调整,把过程当作满足儿童需要的动态生长

我们通过环境的调整,把过程当作满足儿童需要的动态生长,主要采取以下方式:基于需要破墙换窗,基于需要调整环境,基于问题推进课程。

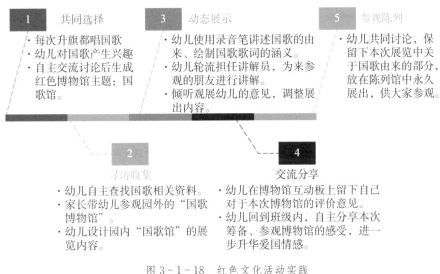

图 3-1-18 红色文化活动实践

1. 基于需要破墙换窗

破窗——让孩子的眼睛能穿过厚厚的围墙。孩子每天趴在窗口看着窗外,眼睛也在一次次探索着世界。因为窗多了,孩子们想追随阳光的出现,就只能选择在窗口玩彩色片。

开门——室内外彻底打开,让孩子可以自由进出,随意站在平台看哥哥姐姐们玩,甚至可以主动参与哥哥姐姐的活动。

拆围——托班孩子也想进种植园,为了方便,我们果断拆除围墙,让托班孩子能自如进出。

2. 基于需要调整环境

在一日活动中,幼儿的需要一直在调整和变化。因此,我们通过倾听他们的需求,不断追随幼儿,调整和改进环境,支持幼儿真实的想法。

能进的泥坑——我们发现托班孩子喜欢走到泥坑看哥哥姐姐玩泥,也有好几次拿着喷水壶想往泥里喷水,参与哥哥姐姐的活动。于是我们提供支持,让托班幼儿入泥坑。支持一:设台阶。为了让托班幼儿也能入泥坑,我们在泥坑旁装了台阶,换了万一滑倒会碰到的水龙头。支持二:装淋浴。装了自制淋浴装置,让幼儿玩完泥后可以清洗。支持三:加平台。我们将泥坑边上的车棚果断移掉,换成可以换连体衣的休闲平台。支持四:共呵护。中大班幼儿会主动照顾托班幼儿。哥哥姐姐会为托班幼儿入坑提前铺木板,主动帮助他们穿脱衣物和擦脸。托班孩子入泥坑喜欢放水,后来泥坑就变成泥水塘,哥哥姐姐怕弟弟妹妹摔伤,会主动把泥水舀出去,很多温暖的举动自然发生。

会变的场地——我们发现托班幼儿喜欢门前的小草地,于是草丛变身记开始了,从草丛到小草坪,到大草坪,不断满足幼儿活动需要。还有用于收纳的小房子,托班幼儿不那么喜欢,拆板、加平台、加桌,让收纳小房子变成一个可以休闲涂鸦的小房子。没有不适合的场地,只有不适合的支持。托幼一体需要精心布局,更需要自然温暖。

3. 基于问题推进课程

孩子们基于平时生活中观察到的问题开展了一系列的讨论,并以问题链的方式进行有效推进,生成各种有趣的课程。教师在观察的过程中,支持幼儿的已有经验,促进幼儿能力的均衡发展。

【保护小蘑菇】

在中环园的二楼活动室门口,有一颗小小的蘑菇,由于气候和环境的适宜,这颗蘑菇就这样生长在一个非常不起眼的角落。但是孩子们关注到这颗小蘑菇以后,总是很有爱心地去照顾它。一次放学排队的路上,队伍中的欢欢突然说道:"哎呀,活动室门口的小蘑菇还在吗?好多天没有给它浇水了,它应该还活得好好的吧?"而老师也非常尊重孩子的想法,带着他们一起去到了小蘑菇那里,他们用真挚的心去关爱这颗可爱的小生命。

【大树会呼吸】

在中环园有许多不同的大树,孩子们对大树都非常好奇。一次游戏时,宁宁问:"大树会不会呼吸?"小美说:"当然咯! 我们人会呼吸,大树也会呼吸的呀!"之后他们开始了一段激烈的讨论,究竟大树会不会呼吸? 他们将各种材料包裹在树的身上开展了探索活动,最后发现原来可以用塑料纸、透明的快递袋和一次性薄膜,观察包裹在大树身上的水蒸气,真实地感受到大树确实会呼吸。

"倾听、支持、共享、调整"成为幼儿环境打造的支点,审视与重构,促使教师关注幼儿需要,支持师幼互动共建,推进幼儿园儿童环境重塑。

第二节　游戏

 青苹果的游戏怎样留白?

中华人民共和国教育部颁布的《幼儿园保育教育质量评估指南》提到:遵循幼儿身心发展规律和学前教育规律,尊重幼儿个体差异,坚持以游戏为基本活动,珍视生活和游戏的独特价值。孩子们有自己的世界,他们渴望成长,渴望与自然接触。并且需要留白,需要有让他们发挥自己想象力和思考能力的空间。幼儿的游戏场地应该是留白的,也应该不全是我们成人预设的,要多放权给孩子们,让他们真正成为"自信生活、自主探索、自由表现"的能干小主人。我们秉承的观念是:敬畏儿童需要,把幼儿园的每寸土地都还给孩子。

(一) 变什么——三次调研中发现问题

我们究竟要变什么?我始终在思考着。幼儿在游戏中,看起来非常愉快,但是他们就真的满足了吗?教师在游戏中看起来非常松弛,但是他们就真的理解游戏,了解幼儿了吗?带着这样的思考,我们以三个园部共计 11 个小班、9 个中班、10 个大班的幼儿,以及全体教师为调研对象,在 9 月、11 月开展了两个角度的三次调研。

在第一次调研中,我们针对 6 个游戏相关问题进行了幼儿访谈,充分了解了幼儿的想法；在第二次调研中，我们又将这 6 个问题以问卷的形式发放给了全体教师，看到了教师与幼儿想法的差异。师幼同问，同中比较，发现差异——幼儿和教师的想法真的不一样。

在第三次调研中，我们围绕着前两次调研中发现的差异，针对教师开展了第三次调研。教师再问，异中比较，发现症结——前后两次的结果也会不一样。

正是在这样的三次调研中，让教师进行反思，只有充分了解、接纳支持，教师才能调整心态，和孩子靠得再近一点，同时，也让教师成长。充分信任、赋权幼儿，通过复盘反思，和专业靠得再近一点。

前两次的师幼调研过程中，问题及结果如下：

◆ 问题一：在幼儿园里什么时候最开心？为什么喜欢户外游戏？

从调查中我们发现，游戏作为幼儿园最开心的活动环节是绝大多数幼儿和教师的一致认识。而喜欢户外游戏的主要原因在教师和幼儿之间存在一定差异，虽然大多数教师和幼儿的想法相近，认为主要是因为游戏材料种类多、户外空间大、不用遵守很多规则，但是幼儿对于户外舒适环境的喜爱是教师没有考虑到的。因此，幼儿园要让游戏活动保时、保质、保量地开展，也要让教师注意多与幼儿进行沟通，以幼儿喜欢户外游戏的原因作为切入点，尽力为幼儿提供游戏支持。

◆ 问题二：如果在户外游戏时，遇到困难了会怎么办？当向老师求助，老师没有回应时，该怎么办？

比对幼儿和教师的回答，我们发现，教师关于幼儿户外游戏遇到困难时会采取的措施，与幼儿自我的认知是一致的，即自己动脑筋解决问题。但是在面对求助教师没有回应的情况时，教师和幼儿的认识则存在差异，幼儿觉得自己会动脑筋或找朋友一起解决问题，而教师则认为一半幼儿会自己解决问题，还有一半幼儿则会在沮丧后无所适从。

由此可见，绝大多数的幼儿在游戏过程中更加愿意自己尝试去解决困难，或者发挥同伴的才智共同解决困难，对于自身能力有着充分的肯定和自信。因此不管在游戏过程中遇到何种情况,还是在其他活动中,教师都应该给予幼儿更多的信任,充分相信"幼儿本身就是有能力的学习者",放手让幼儿自己去探究。

◆ 问题三:户外游戏时你最喜欢在哪里玩?

教师所认为幼儿喜欢的户外场地和幼儿自己真实喜欢的户外场地之间既存在着相同点,即对于沙池、水池的喜欢,也存在着差异,比如对小山坡、塑胶跑道的喜欢,尤其是没有教师认为泥坑会受到幼儿喜欢。我们可以发现各种不同属性的户外场地都会有孩子喜欢,也都有其对于幼儿的独特发展价值。因此在后续的游戏过程中,任何一种场地都缺一不可,我们需要为幼儿提供多样化的场地,满足他们不一样的游戏需求。

◆ 问题四:游戏时你喜欢自己一个人玩还是和朋友一起玩?

通过调研,我们看到,在游戏过程中喜欢和朋友一起玩,而不是自己一个人,是幼儿及教师共同的认知。因此在游戏活动前,教师可以适当地组织幼儿自主进行游戏分组,提前做好小组合作的游戏计划。

◆ 问题五:游戏中你希望老师干什么?

我们发现,关于游戏中幼儿希望教师做的事,教师和幼儿的认识之间存在较大的差异,尤其体现在"给幼儿更多自由,不干涉幼儿"和"和幼儿一起玩"这两个选项上。由此可见,教师关于游戏过程中幼儿对于自己的期待把握得并不到位。我们应当知道幼儿内心希望在游戏过程中教师能够与自己有互动,但是前提是不干扰到自己的游戏。因此,教师在游戏中如发现幼儿游戏闪光点或存在的问题,可以拍摄记录下来,但是拍摄时要与幼儿保持一定的距离,不要影响幼儿活动,同时也要注意读懂孩子,及时给予孩子鼓励和表扬。

◆ 问题六:游戏时有哪些是你很想做但是老师不让你做的事情?

在幼儿的心中,危险的事情是自己想做但是教师绝对不让做的,尤其常见的就是建构过程中搭建得过高,以及拿着材料到处奔跑。而在教师眼中,幼儿想做却不让他们做的事情,主要是那些违反规则的事情,如超出游戏时间还要继续玩,或者到班级规定的游戏区域范围之外玩。也就是说关于"在幼儿游戏时想做,但教师不让做的事情"上,幼儿与教师的认识之间存在着差异。

在第三次调研中,我们向教师发放问卷,围绕以下 6 个问题再次进行调研。

- 你觉得班级中有多少孩子游戏时遇到问题能自己解决?
- 当孩子游戏时遇到问题时你会等待还是支持?
- 游戏的大多数时候,你的预想与幼儿实际的结果一样吗?
- 用一句话表达你对儿童的理解。
- 你对"在游戏中赋予幼儿权利"有何思考?
- 有什么事情是游戏时幼儿想做,但老师出于种种考虑不让幼儿做的?

通过对三次调研结果的梳理及比较,我们有了自己的发现,也引发教师对于自己最初想法的比照。

1. 看出儿童的需要

儿童喜欢户外游戏的理由是户外场地不受限制,自由自在,材料多。那么我们的室内环境相比较户外场地是否给了孩子更多限制?

儿童相信自己,喜欢自己解决困难,其次再找同伴解决,如果向老师求助没回应,一半孩子就会选择放弃求助,自己继续想办法。那么我们的教师是否给孩子足够时间自我解决?

儿童喜欢多样化场地,沙池、水池、塑胶跑道是最受幼儿喜欢的户外场地,其次是泥坑、草地、小山坡。那么我们的场地是否能满足幼儿不一样的需要?

儿童喜欢老师不干涉,绝大部分的幼儿希望老师能给自己更多的自由,不干涉自己的游戏。那么我们是否在幼儿游戏中能做到不干涉?

2. 引发教师的反思

绝大多数教师相信班级大多数幼儿遇到问题时能自己解决问题。那么我们的教师是否真正相信儿童?

调查中半数以上教师认为自己想得和幼儿不一样。那么我们的教师是否真的了解儿童?

教师有赋权幼儿意识,"放手""空间""时间""机会""自由""信任"这些词语已经在教师心里。那么我们的教师是否真的做到了赋权儿童?

3. 看见教师的成长

教师信任幼儿的比例在提高,当幼儿在游戏过程中遇到问题时,绝大多教师应会适时地注意观察并等待,让幼儿自己去尝试解决问题,再根据具体情况给予支持。

看待幼儿的行为更为包容和欣赏,撇开固有成见,学着以欣赏的眼光、发展的视角、期待的心理看待幼儿游戏行为,确保幼儿游戏时间,尊重幼儿的个性,充分激发幼儿的创造能力。

耐心地等待幼儿成长,在游戏过程中,教师信任幼儿,给予幼儿自由的空间、时间、机会。当排除游戏过程中的安全隐患后,教师充分放手,适时地利用晨谈、游戏分享、小Q议事会等环节,激发幼儿自身去发现、解决问题,引导幼儿自己主动规避危险。

三次调研给我们带来了最真实的数据,也带来了我们对自己内心的审视。

(二) 如何变——三种突破中寻找可能

我们具体该怎么变? 在课程实践中我们不断倾听幼儿的想法,发现来自一线教师的智慧,从三个方面进行了突破,去追寻游戏的无限可能。

1. 破场域——多元贯通与便捷调整

怎样的场地是能让孩子来创造的? 孩子们究竟需要什么样的幼儿园? 面对幼儿园的改造,我们还可以怎么做? 面对幼儿园需要改造的大场地,通过每学期的幼代会提案,我们收集了不同幼儿对未来幼儿园改造的需求。我们的做法是:首先,海选提案。在班级中运用提案、问卷与访谈等形式了解不同年龄段幼儿喜欢的环境,听取孩子的建议来打造自然乐园,通过投票的方式推选出班级最佳提案。其次,竞选提案。

我们在园部邀请家长代表与园长妈妈一起讨论召开幼儿代表大会,充分做到信任儿童,尊重倾听。

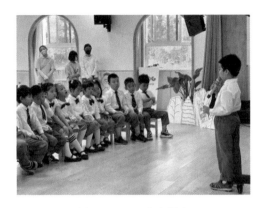

图 3-2-1 竞选提案

幼代会的召开是为了倾听孩子们的心声,了解孩子们的需求,让孩子们能做幼儿园的小主人,也能做家庭的小主人,我们一直秉持青苹果的教育理念,倾听孩子们的意见,尊重孩子们的想法,这也是孩子们心之所向。

大一班的一位小朋友对泥坑有一些思考和想法,他说:"我想把一个泥坑变成两个泥坑,小的泥坑可以给托班弟弟妹妹,大的给中大班的小朋友玩。"关于泥坑再造的设定,我作为代表也给孩子回应:"幼儿园的场地是很有限的,每一个地方都很珍贵,泥坑再造,造在哪里是关键,接下来你们可以在班级里商量造在哪里,如果大家觉得可行,我们就可以建造了。"

中一班的一位小朋友提出了夜市提案,他希望能

图 3-2-2 泥坑提案

在夜市中摆摊,有糖葫芦、零食推车等小吃摊,也有卖气球、钓金鱼等酷乐潮玩摊。关于"夜市"的设定,我给出回应:"夜市是我们本来就有的想法,但是我们需要家长的支持,弄个露营场地,带个帐篷,我相信中班的孩子一定会享受到,我们也一定会做到。"

图 3-2-3　夜市提案

图 3-2-4　种花提案

中三班的小朋友在提案中说道:"我们想在滑滑梯的旁边种更多的花,而且是向日葵那样的,这样我们的幼儿园就会变得非常美,环境也会很漂亮,有时候还能看看向日葵的花是怎么开的。"关于种向日葵的设定,我给出回应:"我特别喜欢这个提案,不仅说到了种点花,还说到了种向日葵,去探索向日葵向阳的理由。"我们的孩子对植物的好奇提出了他们的想法,这是值得我们鼓励和支持的。

除了幼儿园的大场地可以让幼儿充分发挥当家作主,还有哪些场地是能让孩子来创造的? 面对幼儿园角落里的小场地,我们还可以如何放权给孩子们?

曾记得焦老师说过这样一个故事:在中环园的一条蜿蜒的小路里,孩子们发现这里一直"无人问津"。有一次,中一班的孩子提出了自己的想法:"老师,我们和同伴一起想过这一条小路一直空着,有点浪费,我想把这里变成一条自行车道。"焦老师说:"这个主意太好了!这条小路终于能用起来了!"从此以后,一条无人问津的蜿蜒小路变成了热闹非凡的自行车过道,小花园瞬间又有了生机。孩子们根据自己的需求,将幼儿园角落的环境充分地运用在游戏中。

又有一次教研组开会时,佘老师说:"我们孩子在游戏的时候想到了天气比较热,他们想用自行车来运水。"新老师欢欢老师说:"那孩子们真的去试了吗?""是啊,然后我们还和妈妈老师一起商量把水桶放在自行车后面。""这个主意真不错,后面遇到什么问题了吗?"夏老师问。"对的,我们这个运水的孩子发现他的自行车总是很难运水到清水积木那里,因为有台阶。"佘老师又说,"我把问题抛给了孩子们,他们都说有台阶增加了自行车运水的难度,想把台阶调整一下,老师们你们有什么好办法吗?""我的建议你们看可以吗?就是把台阶变成斜坡,这样可能就能解决问题。"一旁的薛老师提出了自己的看法。随后,佘老师把薛老师的建议和孩子们共同商量和探讨,孩子们都非常同意,于是专为自行车运水建造了斜坡道,方便运水的孩子们给正在游戏的孩子提供便利,满足了孩子们的需求。

在规划儿童活动场地时,一个最重要的原则是用"童眼看世界",要看到儿童的心理、喜好、活动、认知,要站在儿童的"需求"上来做,这样才是真正适合儿童的场地。

2. 破流程——长与短的微调整

游戏在一日生活中的时间相对固定,但是也并不是一成不变的,我们会根据游戏的自身属性、幼儿的需求、季节的变化将游戏时间缩短或拉长,进行合理调整。

我们都知道当孩子们玩沙玩泥巴前,要穿上玩沙玩泥巴专用的衣服,结束以后,还需要脱掉衣服整理并清洁,所以无形中游戏时间就变得特别长,午餐时间也会相对晚一些。伴随着六月炎炎夏日的到来,孩子们在游戏时常常满头大汗,有时还会热得汗流浃背,此时孩子们想把时间缩短一些,老师们也会满足他们的需要,把游戏时间减少,并做好相应保育工作。

除此以外,季节变化也是一个不可抗的因素,当面对雨季和恶劣的天气时,我们孩子又是怎么玩游戏的呢?

小班的教研组长施老师聊起了雨天的故事:"作为小班的老师,对于湿哒哒的天气,我们总会有很多的顾虑,淋湿了怎么办?弄脏了怎么办?孩子感冒了怎么办?而我的这种担心和保护却会让孩子丧失在意外中获得惊喜和经验的可能。一场雨后意外的积水,一次过河的体验。"

中班的贺贺老师也感慨万千:"我们班的男孩们特别喜欢搭坦克基地的围栏,可是有一天却发生了一个意外,一阵风吹来,围栏倒了,大风一次次地吹来,围栏一次次地搭建,又一次次地倒下,反反复复了5次。当围栏第五次被吹倒后,孩子们开始思考,如何让围栏在大风中站稳不倒下,也不倾斜呢?他们从使用轮胎加固到使用长管两侧支撑加固再到双排立体加固。在这个过程中,他们用到了'架空''组合''插接''对称''排列'等相结合的方式,搭建围栏也不再追求高和大,而是更关注牢固度了。我想说孩子们这些经验的获得不是凭空而来的,是大风天赠予了他们一次探索的经历,让他们的经验不断得到叠加。"

大班的江老师听后,也来说她看到的故事:"施老师说到雨天,之前一段时间不是一直下雨吗?就是这样一场雨为孩子们的游戏打开了新的思路。从最开始单纯地躲雨到之后的移动雨棚,再到雨棚如何防水,最后解决如何加固雨棚的问题过程中,我看到孩子获得了空间感知、合作交往、材料选择、观察生活、预判游戏、尝试记录等各种各样的经验,而这些潜移默化的游戏经验也在为大班幼小衔接做好铺垫。在对孩子的一对一倾听中我发现他们越来越喜欢雨天。游戏中没有'坏'天气,阳光雨露都是我们收集的快乐。我们无法预设孩子会往哪里走,但一定是按照自己喜欢的方式在行进。我们只需支持儿童,静待花开。"

幼儿的生活需要游戏。游戏是幼儿的天然需要，是幼儿生命活动中不可或缺的因素。教育家马卡连柯曾说："在童年时期，游戏是一桩正当的事儿，幼儿甚至在做重要工作的时候，也应当经常游戏，幼儿整个生活也就是游戏。"幼儿在游戏中成长，游戏是幼儿的生活状态，是幼儿身心发展的需要，蕴含着幼儿身心发展的无限潜能和生长内驱力。当孩子在接触大自然的时候，他就本能开始玩，游戏是天性，给他一个场域就能玩游戏。

3. 破时空——内外打通的自然环境

我们一直都在思考，如何能够做到内外贯通，多元的场地使用？先后将中环园托班教室和梧桐园小班教室的墙壁、窗户拆除，换成宽敞而明亮的折叠门，孩子们能从教室直接走到幼儿园的操场，看到参天大树，不完美却真实的草坪，在庭院中感受到四季的变化。

中环园和梧桐园都有小山坡的地形，有高低的层次感，孩子们都特别喜欢爬上爬下。在一次大教研上，顾老师和我们说："我们的孩子特别喜欢在山坡上玩，但是托班的孩子爬山坡并不是每个孩子都能做到的。于是我们和孩子们共同商量，并与家长进行沟通，增添了塑料盆作为滑草工具。"大教研组长杨老师说："你别说，增加了随处可拿取的塑料盆以后，他们玩得更高兴了，而且游戏的趣味性也体现出来。""其实我们中班的孩子们还想到了用纸板、纸箱作为滑草工具，玩雪橇呢！"一旁的金老师很自豪地说。增加随处可拿的多元材料，让小小的山坡变得童趣盎然。

我们希望孩子可以在一个充满自然元素的环境中长大，所以将周围大面积的自然环境充分利用，让孩子们在一天内的任何时间都可以感受到自然，并且可以在其中尽兴玩耍和接受来自自然的感官刺激，以此来进一步发展孩子们的感知能力和创造力。比如出门就能看到的涂鸦墙，绿色的小风车随着清风吹动，泥塑作品的展览，小山坡上孩子们尽情地玩滑草，充满了生机和活力。

青苹果的教师是怎样观察的

老师们每天都在观察,然而却没有案例可以写,没有故事可以说,就是因为老师观而不察,缺少洞察分析能力。小班幼儿为啥看到父母在会哭得更厉害?父母一走马上会停止哭闹?因为他想通过哭闹来达到自己潜在的目的。老师要观察孩子表现,给予合适的方法。如玩冰游戏,孩子玩冰后就把冰块放在杯子或衣服里面,其实是在探究冰的融化过程,此时老师却忍不住干预,那么应该怎么看待呢?

(一)好的观察有好素材:真"情"实"感"

人与人不同,教师的教龄、经验、敏感度都会不一样,每个人的经验也只能是借鉴而不能直接拿来用,但有一个原则就是:好的观察一定需要好的素材,而好素材的基本元素在于真情实感。问题的关键是好的素材怎么拍?如何让教师真正做到"无为而至"?

◆ 游戏中教师少介入,但不是不为不做

刘老师在一次观察培训中说起这样一个故事:"我们可以仔细回忆一下这样的场景,在操场的一角,两个孩子正在专心地研究小蚯蚓,一个孩子说:'蚯蚓实在是太好玩了,它就喜欢在泥土里扭来扭去。'另一个孩子说:'它是没有脚的,身体太软了,我们用一根树枝逗它玩吧!''好的呀!一起找树枝!'他们刚开始找树枝,一旁的老师走了过来,奇怪的是孩子们立刻就不去玩蚯蚓了。我们仔细想一想这究竟是为什么呢?是什么原因打断了孩子们继续玩蚯蚓的行为呢?又比如我们班孩子玩海盗游戏的时候,孩子们用积木假想成各种武器,乒乒乓乓的声音从他们的嘴中蹦出,那时候我就在思考孩子们'打架行为'的背后,需要的究竟是什么呢?我是该阻止还是支持呢?他们真的会让自己受伤吗?我的担心是不是多余的呢?在等一等的过程中,我才发现他们其实能够用纸球作为武器'假假地打架',也能够用圆柱形的积木作替代物变成'氧气瓶',

这难道不是他们游戏行为进阶的表现吗？我才明白我当初的顾虑有些'多余'。如今，我想变'阻止'为'了解'，在'了解'后适宜地'支持'。"

◆ 游戏中教师要捕捉，提升分享的支持。

刘老师继续说："我们可以再回忆下，孩子邀请你看作品时，你该怎么回应呢？如果你的回应是'你能不能再搭得高一点？你再多涂点颜色吧！'换来的会是什么呢？孩子们再也不会把作品拿给你看了。但是如果你换一个角度，这样说：'你的作品真好看（积极肯定），我特别喜欢你的三角形屋顶，因为它是对称的（表扬细节）。我能不能拍一张照片？（尊重幼儿并征询意见）下次如果有新的作品也来告诉我好吗？（后续跟进）'那么，换来的将会是源源不断的作品等待你的欣赏和肯定。"

◆ 带上对孩子的了解，取下对孩子的标签

"面对不同的孩子，老师们的想法都不一致，那我们要做到的是什么呢？带上对孩子的了解，取下对孩子的标签，去重新认识孩子，重新审视自己的专业定位。"刘老师微笑地感慨。

在游戏中少介入，但不是不作为，教师要捕捉，及时给予幼儿支持。我们认为，有效的观察注重的是游戏的过程性观察，并不是仅对结果的观察。这就需要教师在观中察、察后观、观前察。同时对幼儿的游戏观察要做到"三不五性"，即不限定场域、不预设材料、不设定玩法，还要看到幼儿游戏的自主性，因为游戏是自愿的行为，被迫游戏就不再是游戏；看到自由性，尊重幼儿自己的选择与决定；看到愉悦性，那是因自由、投入而产生的积极情感体验从而引发的心灵上的满足；看到创造性，游戏蕴含创造的特质，引发创造的热情；看到规则性，这来自儿童群体内的一种"契约"，是儿童自由与创造的保障。

我们在观察时，还要多问自己几个问题：能促进孩子发展吗？能满足孩子兴趣吗？能助推游戏水平吗？判断的路径可以从以下几个方面思考：在干什么，经历过什么，想做什么，不断地连续看、仔细看、反复看，从中寻找答案。

（二）真问题教研研讨：循"证"反"思"

伴随着游戏观察案例的积累，在大教研中，老师们对自己在拍摄过程中的游戏小档案提出了疑问："在复盘游戏小档案时，发现平行班之间的游戏水平差异，教师该如何分析、解读和支持？""回看中，我看到一个现象就能代表这一年龄段幼儿的发展水平吗？""复盘'小档案'的过程中，发现孩子每天的游戏搭建主题都在变，如何相互联系进行分析？""回看游戏小档案的过程中，如何客观地解读幼儿的游戏行为，万一出现教师对幼儿行为的误判怎么办？""在回看游戏小档案时，我发现幼儿的表征与游戏内容并不一致，该怎么办？在一对一倾听时，老师如何更好地与幼儿进行互动？我拍了很多的游戏视频，但是在复盘的过程中发现经常会遗漏关键信息，用什么方法能快速循证，有效分析？""教师在游戏现场会有自己的追踪对象，但在小档案回看中，发现了其他幼儿精彩的游戏行为，却没有追踪，如何关注到每一个？"

面对这么多游戏中发现的问题，我们的做法是：

1. 细读儿童，寻找属于儿童自己的方式。复读游戏故事——鼓励老师将拍摄的故事反复看，寻找故事中儿童自己的方式，加深对儿童的了解；试读儿童内心——要读懂儿童，必须用童心来读儿童内心，与儿童内心靠近一点；探读儿童方式——看现场和录像，研究解读属于儿童自己的方式。

2. 读够经验，探寻走向儿童的共性规律。寻找价值点——一个点中的多种可能性，各种可能中的矛盾冲突等，都是可以给教师借鉴的价值点；攻克难点——"无为而治"是难点，带领老师对重要概念、原则依据、实践路径进行解读；疏通堵点——关注教师在实践中的真问题，罗列问题清单，通过教研逐一攻破。

（三）一对一视频交流：求"同"存"异"

我们都知道教师的观察力是专业基本功，不同老师对同一个孩子的游戏行为理解不同，分析和解读角度不同，了解程度也完全不一同。我们鼓励教师聚焦同一观点，不同举证;聚焦同一案例,不同思辨;聚焦同一现场,不同观察;聚焦同一片段,不同关注。

方老师说:"我今天观察的是23号晞晞小朋友。他的第一次徘徊:尝试加入游戏、递玩具——愿意加入同伴的游戏。第二次徘徊:拿取材料、观察搭建——更想加入但不知如何加入。第三次徘徊:找寻熟悉的人、慢慢加入游戏——想帮忙,慢进入。我的思考是:幼儿信任自身,教师相信幼儿,营造自信、舒适的游戏心理环境。"

贺老师也提到:"我和方老师介绍的对象很巧,也是23号晞晞小朋友,到了户外游戏的时间,晞晞取出自己想要的材料,开始构思自己的建构作品。这次,他选择和小伙伴两两合作,计划搭建属于他们的作品。在游戏中,我们可以看到,晞晞已经逐渐掌握了平铺、延长、围合、架空、垒高等建构技能。积木建构游戏是一个连续性的动态过程,充满着多种可能。在搭建过程中,孩子们在已有经验向新经验的搭建上有了提升,有和同伴的交流与合作,有对科学的探索品质,有发现问题后解决问题的思维成长等。我们要做的就是'闭住嘴、管住手、睁大眼、竖起耳',在游戏中放手,把游戏权利切切实实地还给孩子。坚信孩子是值得相信的、有巨大潜能的、主动的学习者!"

其实从老师的观察中,我们可以看到他们观察同一个幼儿的角度不一样,贺老师观察的内容主要在于建构的技能,平铺、延长、围合、架空、垒高等,对于建构作品的效果更感兴趣。但方老师观察的主要内容是幼儿的行为,徘徊的次数,行为的动机,她更关注的是幼儿的发展,幼儿行为背后的原因,以及作为教师思考自身能给予孩子的有效支持,营造自信、舒适的游戏心理环境。两者分析的角度都是具有专业性的,但是对于当下的教育趋势,我们可能更倾向于关注幼儿的发展以及教师给予幼儿的有效支持策略。

从上述案例中可以看出,我们采用了一对一视频交流分享的形式,在真实的游戏情景中,立足儿童的立场,用现场视频解读幼儿的游戏行为,在老师们相互交流思辨的过程中也产生了思维的火花,碰撞出不一样的观念和想法,这样无疑是对专业发展具有促进作用的。通过不断研析幼儿在游戏中的发展脉络,解读幼儿游戏的需要、经验和水平,真实呈现了幼儿在游戏中学习,体现了游戏的价值。

(四) 思教育观念转变:从"一"到"全"

2001 年到 2022 年,我国从《幼儿园教育指导纲要》的颁布到《幼儿园保育教育质量评估指南》的印发,在二十多年的实践中,不断地研究适合幼儿发展的学前教育,但是无论有多少新的举措、提法,"游戏为基本活动"的地位没有改变,足见其科学性和重要性。在这个过程中,教师的教育观念也在不断地进行迭代更替。

【一次自我专业反思】

余老师带来了一本记录本,说道:"这是我对我们班孩子在玩沙水游戏期间的记录。我整理视频时发现,始终有那么几个孩子,只要轮到玩沙水就会坚守在三角喷泉,从不换地方,他们对泉眼产生了强烈的兴趣。在对喷泉探索的过程中发现,孩子们从最初简单重复地改变水流方向到了解火山喷发的状态,从水联系到火,学会寻找、比较事物的共同点,在发现了水压的存在后,知道水压有一种无形的力量,会产生震动,还能让水往高处流动。通过反复的实验,用压力制造出了水雾,竟意外地收获了彩虹。"

【一次儿童发展解读】

婷婷老师也说:"我们班的孩子会自己动手拍摄自己想拍的游戏,我看到孩子拍的这个视频时,会特别想要知道她们在干什么,后面又会怎么做,想挖掘视频里的孩子们到底有什么发展的可能和契机。我关注的是干什么? 为什么? 是孩子的发展,而孩子关注的却是当时的兴趣。因为孩子是身临其境的,他们在玩的时候或许就已经获得了问题的答案。在这背后折射出的是经验的不同,提出的问题水平也就不同。孩子的问题源于他的经验,源于在游戏中,他们才是主角。我们也要珍视孩子拍摄的作品,因为他们是带着经验去思考的,他们的观察更直击他们的需要。我所想的与孩子所想的,我看到的与孩子看到的,明显不一样。我关注到的是冲突,而孩子关注到的是色彩。这两个视频带给我们的思考是什么? 是因为孩子与我们的经验不同,所以问题不同;因为孩子与我们的想法不同,所以视角不同。我想说我们曾经是儿童,虽然我们无法再变成儿童,但我们要努力不断地去'了解'儿童。"

【一次师德自我提升】

蕾蕾老师提出："我面对内向不爱说话的小杜时,总是想去探索他真实的内心世界。当我看到他对于大自然中的小动物总是特别爱惜并尝试为癞蛤蟆安家时,我终于找到了他的兴趣点。通过小森林,小杜的爱有了寄托。在一对一倾听中,我了解他愿意和我分享小虫子的故事,从不愿说话到慢慢地愿意开口说话,就能感受到他对于小动物的爱。我想我们老师真的要从平时的一点一滴中去捕捉孩子们的兴趣点,然后才能一点一点打开他们的心灵世界,形成融洽的师幼关系。"

【一次教师自我评估】

徐老师有感而发："我觉得日记不应该成为孩子需要完成的任务,更不是一对一倾听的唯一形式,我们要看到一对一倾听的真正目的是什么? 是走进孩子的内心世界。既然是这样,我们更要看在一日生活中,孩子最想说什么事情? 我们要在什么时候、什么地点倾听? 看孩子和谁在一起最愿意说? 每个孩子不同,他们的需求也不同。"

游戏不是单一课程,而是全课程,它将幼儿园的课程全部糅合起来了。幼儿参与游戏后的那种体验、那种表达、那种困惑、那种好奇、那种喜怒哀乐,不应该是他们生命成长中不可缺失的一种经验吗? 把幼儿的游戏作为幼儿园一日生活的基本类型,无疑是将游戏转化成幼儿园课程内容的基本体现。

 三　青苹果的老师怎样看待游戏

（一）游戏要有课程视角——游戏和课程的融合

游戏的课程视角,是从课程的角度审视幼儿园游戏内在的课程价值与课程生成的可能性,丰富和增强游戏活动的育人价值。

余老师说："我们班的孩子经常会在游戏中问'你拍了吗?'其实我也在尝试解读这句话背后的需要。因为他们感觉这一刻是他们的创造,需要记录,这是孩子的需要。

他们认为老师也一定能感受到他们此刻的心情,会给他们同频的欣赏,所以要问我拍了吗?接着从复盘视频内容,查阅火山资料,到对水压进行反复尝试的发展轨迹中,让我理解了不被需要的背后不正是孩子自主的体现吗?我什么都没有做的背后是孩子在自我支持,孩子重复的行为是在反复探究,他们不需要我,却让我看到了他们的成长。孩子的不需要也让我有了不一样的收获。看不到教师,却有陪伴;看不到课堂,却有支持;看不到教育,学习却时时发生。"

教师不被需要的背后正是孩子自主的体现,我们要不断去发现支持,减少过度干涉与限制,在游戏中大量开展深度学习,支持幼儿正在进行的、有意义的学习,满足不同幼儿探索的需要。

(二)游戏指向游戏精神——理念和行为的一致

游戏精神是心理层面的"愉悦"和精神层面的"自由",是游戏理念的定位,要理念和行为的一致。华爱华老师说过,"幼儿教育的本质就是按照儿童的样子来培养儿童,使之成为能适应社会需要的独立个体,而儿童的样子最显著的特点,就是儿童的游戏性,儿童的游戏天性中蕴含着他们成长的自然规律和秩序"。

伽达默尔在讨论游戏存在方式时指出:游戏的核心是游戏精神——束缚游戏者,并使其卷入游戏之中的东西。人之所以被游戏吸引,取决于其核心灵魂——游戏精神,它让人心甘情愿接受游戏的安排,并深陷其中。

周老师说:"我们小班的孩子们会根据季节的特征改变玩雨的方法,感受万物复苏,播种与成长。比如他们用五颜六色来表达对春天的感受,在夏天雷雨轰隆时,用积水感知水的形态,有的孩子在积水上玩小碗的时,感知到水的流动性,把勺子当成了桥,过不去了还帮忙推一下,还有的孩子把筷子漂在积水上面,他们还会一起踩水塘。当游戏遇见了秋天,孩子们感知到了秋天的明显特征,认识了常见的果子,在游戏中感知'1'和'许多'。冬天虽然很少有下雪,但是孩子们还是玩起了泡泡雪地,在游戏中,孩子们知道了冬天地滑要当心,还搭起了桌子,吃起了热腾腾的火锅。当游戏遇见了四季,孩子们就这样悄悄地获得了各种经验,游戏场就是学习场。我们的教育变革是让孩子可以在生活中完成学习,而不是用学习来代替生活。"

让生活慢下来,让游戏"真"起来,不是在户外就是游戏,在室内就是学习,会玩的孩子会自我增强游戏精神。我们可以做到四处都是好玩的情境,从而营造一种游戏文化。同时对教师日常观察到的游戏现场片段开展游戏教研,让教师更加走近儿童。我们鼓励孩子们发现好玩的游戏,让一日生活中的种种都变得好玩,当天气不好时,也能想办法玩自己想玩的游戏。

(三) 游戏要有儿童视角——游戏和幼儿发展的链接

我们认为,游戏要从看见儿童开始。最早的一部儿童宪章是 1923 年起草的《儿童权利宪章》,直到 1959 年联合国大会才通过了《儿童权利宣言》。也就是说,20 世纪中叶我们才承认儿童是一个独立的人,承认儿童所拥有的权利。重视儿童,是一个社会、一个国家文明进步的标志,儿童是一个国家的未来,是世界的未来。1996 年,联合国儿童基金会和联合国人居署共同制定了一份《国际儿童友好城市方案》,关于儿童友好的内容,主要有三个方面,一是保护儿童权利,二是满足儿童需求,三是确保儿童参与。

新教师婷婷老师拿着手机里的视频激动地对我们说:"你们看,在一次游戏中,孩子们拨弄着我们设立的手机支架,和同伴说:'瞄准这里。'此外,我还收到了一封来自一位孩子的信,信上画着我没有拍到她想要的东西,她很不开心……我也终于找到了我的视频被嫌弃的原因,终于明白了被嫌弃的过程,其实就是我和小朋友们共同成长的过程。"

理解儿童的差异能造就丰富的生态和文化;理解儿童让课程有更适宜的出发点;理解儿童能在想象力和创造性上反哺成人。

第三节 学习

幼儿园高质量发展的关键在于幼儿园课程,教师观念的转变、环境的改善,最终都要落实到课程设计与实施中。在青苹果,课程是学科、儿童、生活、社会等的有机整合,我们所经历的日常每一刻都蕴含着课程的智慧,也蕴含着学习的不断发生,在每一个微小的细节中,都有我们对高质量教育的追求。

 入园的小路上,学习开始发生

"阳光正好,花儿微微笑,蹦蹦跳跳,青苹果到了……"清晨,伴随着轻快的园歌,孩子们陆陆续续走进了青苹果的大门。从入园的这一刻开始,孩子们的学习已经开始悄然发生了。

镜头一:自己刷卡的打卡机

对孩子们来说,入园的第一件事就是打卡,把自己的小卡片在打卡机上刷一下,发出"滴"的一声,班级里的老师就能够知道今天谁来园了。可别小看打卡这一件"小事",对孩子们来说却有着十足的仪式感。

中大班的孩子陆陆续续来园了,孩子们拿着自己的小卡片,看着打卡机屏幕上人脸识别的图标,调整自己的站位,当听到打卡机报出自己的班级和姓名后再往里走。

人渐渐多了起来,孩子们非常自觉地排好队。小托班的孩子也开始入园了,当值班老师热心询问小班孩子:"要不要我帮忙呀?"总是收到这样的回答:"我自己来! 我自己来!"小小的手不断变化卡片的位置,对准刷卡标志框,当成功的"滴"一声后,开心地往里走去。

在信息化时代,人脸识别技术也融入了幼儿园生活,当孩子们接触信息化设备的机会越来越多时,就越能感受到信息化技术为人们生活带来的便利,也为他们成为现代化社会成员做好准备。在入园打卡的过程中,体现出了孩子们充分的自主意识,年龄大的孩子们自主完成刷卡、识别,还会主动帮助有刷卡困难的弟弟妹妹,其中就蕴含着社会交往的学习契机。年龄小的孩子在匹配刷卡位置、调整人脸识别距离的过程中,有了对空间方位的进一步感知,学习悄然发生着。

镜头二:不一样的水龙头

打卡入园后,孩子们来到洗手池边洗手。在青苹果大门口的洗手池,每一个水龙头都是不一样的,有的是横向拨动开关,有的是旋转拧动开关,有的是整个龙头移动开关……如果有机会站在洗手池旁静静观察,你会发现即使是洗手这件"小事",也蕴含了孩子们各种各样的学习。

大班的孩子一下就来到最中间位置的水龙头旁,边洗手边说:"这里的水是最大的,洗得快! 一定是这里靠着水管近。"托班的宝宝来到一个贴着水池后壁的水龙头前,踮起脚试了几次,发现自己够不到这个水龙头,马上换了一个朝前伸的龙头,一下就打开了水。还有的孩子一开始用一个水龙头,用好洗手液后再换个水龙头冲洗,体验不一样的打开方式。

其实,在最初洗手池装修时,对于"装什么样的水龙头?"我们深入讨论了好几次。"方便孩子洗手的就可以。""市面上有很多可爱造型的水龙头也很好看。""应该要和家里用的差不多。"是安装方便的? 还是好看的? 还是贴近生活的? 教师们各有各的理由。直到有教师提出"那么多水龙头,都要一样吗?"这一下打开了大家的思路,于是,我们让入园洗手也变成一件有趣的事,变成我们课程的一部分。我们找来了不同材质、不同样式、不同开关方式的水龙头,让一件洗手的"小事"也焕发孩子们学习的可能。

镜头三:属于"我"的储物柜

晨检完后孩子们走进自己的教室,在教室中,每个孩子都有一个属于自己的储物柜,小班教师把孩子们的照片贴在储物柜上,方便孩子们辨认;中班的孩子则自己写好学号贴在储物柜上做标记;大班的孩子在储物柜上贴上自制名片。在小小的储物柜中,也蕴含着收纳整理的学习。

在中一班的储物柜旁贴着孩子们自己绘制的三条收纳评价标准,分别是"能将玩具和图书放回原处""能整理自己的物品""能按类别整理好自己的物品"。原来这是孩子们发现大家的储物柜总是乱七八糟后,一起讨论出来的整理标准。孩子们对照着这样的标准进行自我评价、同伴评价,在评价后进行自我调节,更好地整理自己的储物柜。在大三班,每个孩子的储物柜里还有一个自制收纳盒,原来孩子们发现只有一个空空的柜子很容易越放越乱,于是大家在个别化学习活动中开展了自制收纳盒的活动,用适合自己的收纳方式制作一个储物盒,解决了收纳整理的问题。

一个小小的储物柜,不仅是孩子们的藏宝地,更是学习的发生地。中二班的刘老师观察到,刚开学时,因为换教室了,孩子们要按照学号顺序找到属于自己的储物柜。开学第一天,孩子们就围在储物柜前发起了"数数游戏",有的手口一致点数,有的两个两个数,有的找朋友学号旁边的相邻数……这让刘老师看到了课程生发的可能,就围绕寻找储物柜开展了一次生成性活动。小小的储物柜不仅让孩子的学习自然发生,也让教师的观察与支持更加深入。

当你走进青苹果,在入园的小路上,你总会看到有孩子突然停下脚步,驻足一会儿,又满足地向前走去。吸引着孩子们的也许是他们饲养小乌龟的池塘、路旁刚结果的橘子树、洗手池顶上七彩的玻璃、草丛中不知名的小花……就在这入园的小路上,学习已经开始悄然发生。

 开阔的运动场,学习时刻相融

运动时间,孩子们戴好自己的运动手表,来到运动场地上。在离开教室前,孩子们还会在班级门口挂上一块运动指示牌,上面是他们自己画的运动场地,告诉晚来的孩子今天可以在哪个运动场地找到大家。在运动中,学习也时刻相融着。

镜头一:一次运动中的调整

在每一个运动区域,孩子们都会和老师共同摆放运动材料,在鼓励运动的无限创意时,也确保运动过程的安全,保证运动量。孩子们也能根据自己的运动水平来自主摆放、调整运动器材。

面对大型的绿色体操垫,个子小小的万万在一旁看了好几次,她仔细观察着其他的孩子是怎么通过助跑后跳上体操垫的。在老师的鼓励下,她进行了几次尝试,然而每次跑到体操垫前,垫子对她来说都太高了,她的双手无法一下撑上垫子,需要老师的帮忙。就这样几次后,万万从旁边的垫子车里搬来了一个迷彩垫,放在体操垫的前面,原来她是将迷彩垫当作脚蹬,这样一来,她也能够自己爬上垫子了。旁边的谦谦也尝试了几次踩着迷彩垫上去,可是他很快又调整了位置,来到没有迷彩垫的一边继续挑战,原来有了迷彩垫对谦谦来说太过容易,他选择了更难的方式,通过助跑跳上垫子。

在运动中,孩子们时刻通过对自我运动能力的评价进行着调整,也在一次次的观察、尝试中不断学习,挑战着自我。

镜头二:一块运动评价板

在运动场的一旁,每个班级都有一块运动评价板,孩子们可以在上面记录自己的心率、饮水情况、挑战情况等。同时每一个孩子都有一块运动手表,在运动手表上,可以记录孩子们的运动时长、心率等数据。结合运动手表上的数据提示,孩子们能够自如地使用运动评价板进行自我评价。

聪聪满头大汗地来到运动评价板旁边,他抬起手表看了一眼自己的心率,在运动评价板上贴上了一个红色圆点,对旁边的小伙伴说:"我的心跳太快了,都到 120 了,我要赶快休息一下。"旁边的天天也抬起手表看了看,在运动评价板上贴了一个蓝色圆点:"我的心跳不快,而且我也没有出汗,我要再去玩一会。"这时妈妈老师走过来看了看孩子们在运动评价板上对自己的评价,观察了聪聪的运动状态后,让聪聪自主擦汗休息,并帮助他垫上了汗巾。

图 3-3-1 运动评价板

这样一块小小的运动评价板,不仅能让教师快速了解幼儿的运动状态,也能为幼儿提供自我评价、同伴评价的机会,并根据评价结果进行自主调整。同时运动手表上的数据还能够实时同步在教师和保教老师的手机端,便于保教老师进行健康观察。当保教老师注意到有班级幼儿出勤率降低,会及时关注班级健康状况,鼓励幼儿加强锻炼,增强体质。

镜头三:一场关于运动时间的讨论

在运动间隙,孩子们还会自己搭建运动休息处,有的孩子搬来垫子,放在饮水点旁边,边坐着休息边喝水;有的孩子在班级的小露台上坐着休息;有的孩子在树荫下搭建了休息站,在阴凉处进行休息。运动休息站的搭建也融合着孩子们学习的智慧。同时,关于运动时间的多少,孩子们还自发地展开了一场小讨论。

原来,在运动快要结束时,孩子们想出了一个新的运动挑战,面对即将要收起来的材料,他们向老师提出:"我们能不能多玩一会?"老师抓住这样一个契机,将问题抛回给孩子们。孩子们七嘴八舌地讨论起来。"多玩一会,后面做操来不及了。""是呀,影响后面的活动怎么办。""那我们可以先做操,再回来收东西。""我们可以收得快一点。""带个钟下去,看看时间。"就这样,在孩子们的讨论下,下一次运动时,他们真的带了一个时钟下来,当时间一到,孩子们相互提醒着准时收好了材料,玩得又尽兴,又没耽误后面的活动。

 三 自主的生活场,学习蕴含其中

一日生活皆课程,在自主的生活场上,无论是充满班本特色的自主点心,还是变了又变的值日生服务,或是充满自主评价的小 Q 议事会,学习都蕴含其中。

镜头一:点心我做主

运动后的点心环节,原本只是一个小小的生活片段,但青苹果的教师们敏锐地发现了其中蕴含的课程活力。徐老师说:"吃多少点心,喝多少牛奶,这与孩子们的健康息息相关,都应该让孩子们自己去了解,在了解的基础上自己来搭配。"王老师说:"夹饼干、倒牛奶,这些小小的动作都是锻炼小肌肉的绝佳机会。"陈老师说:"还有同伴互助、值日生服务,也是增强社会性的良好时机。"

教师与孩子们也展开了充分的讨论,确定了班本化的点心方案。小一班的教师根据孩子们的喜好布置了森林餐厅,让小班的孩子们可以和小动物一起吃点心;中三班的孩子提出想去楼顶花园吃点心,于是后勤、保健齐上阵解决了消毒及卫生问题,实现了孩子们在楼顶花园吃点心的愿望。当然,还有和好朋友一起吃点心,在不同的桌子上吃点心,值日生送餐服务等。在这个过程中,孩子们既提出了自己的需求,又开动脑筋充分考虑各种环境、材料问题,在教师的支持下一步步实现不同的吃点心的愿望。

镜头二:值日生我做主

班级值日生是一个小小的岗位,然而在青苹果,每个班级的值日生都不相同。孩子们根据自己的需要来讨论班级值日生的人数,评价值日生的工作,在这个过程中,学习也在不断发生着。

在值日生评价表上,出现了一个小小的哭脸,小晴说:"我发现了一个问题,我觉得今天的值日生太多了。餐厅里就有 4 个值日生,厕所里还有 2 个值日生,我都没什么事情做了,而且人太多又太挤了。"旁边的诺诺点点头说:"人是太多了,我上次做值日,一转身都差点撞到别人。"潘潘说:"那我们就减少一点人吧,餐厅 1 个人,厕所 1 个人。""那减少的值日生不就做不了值日了吗?""那可以做其他的事情来帮助小朋友。"听到孩子们七嘴八舌地讨论,施老师马上抓住了这个契机,生成了一节集体教学活动"值日生"。在活动中,孩子们充分结合自己的生活经验,从值日生评价入手,对哪里需要值日生、需要几个值日生进行了充分讨论,重新规划了班级值日生的工作和人数安排。

日常生活中的值日生,也是课程生发的契机。孩子们在讨论中不断进行着思考与评价,值日生人太多了没事干怎么办? 人太少了来不及做怎么办? 多出来的值日生可以干什么? 男孩子可以在女厕所当值日生吗? 伴随着孩子们的问题,学习也蕴含其中,他们讨论出了需要值日生的具体工作、人数,以及男孩女孩值日生的不同,还设置了"万能值日生",在小小的值日岗位上,处处都是孩子们的智慧。

镜头三:小 Q 议事我做主

在自由活动时,常常可以看到青苹果的孩子三三两两聚在一起,对着自己记录的日记或者用 iPad 拍摄的照片围坐在一起进行讨论,这就是青苹果幼儿园特有的"小 Q议事会",是一日生活中随机发生的情境性评价。孩子们常常在"小 Q 议事会"中自发、自主地讨论今天遇到的问题,并提出自己的解决方案,教师会选择师幼共建的方式为孩子们提供支持。

烨烨在翻看着班级 iPad 中的照片,找到了早上游戏时的一段视频,看了一会儿,他找来视频中的几个朋友,自发地开始了小 Q 议事。

烨烨说:"你们看,这是我们早上玩的用地垫搭水帘洞。后来人越来越多就堵在这里了,我们的'水帘洞'都被挤成饼干了。"天天说:"是呀,没玩多久水帘洞就塌了,还要重新搭,太浪费时间了。"玥玥说:"那我们下次就画一个6,贴在那里,告诉大家只能进6个人。""可是有的小朋友不知道6的意思,还是挤进来怎么办?""那我们就用一个大喇叭,不停地播放只能进6个人。""这样太吵了,而且我们也没有喇叭。""那么就跟老师说一下我们规定人数的事情,然后告诉一下全班的小朋友。"于是,孩子们把自己的想法告诉了老师,老师在班级晨谈时请孩子们讲述了自己制定的规则,得到了大家的认同,问题也顺利解决了。

在"小Q议事会"中,既有教师的创设,也有幼儿的生成,孩子们的自主评价也在悄然发生,这既是充满思辨的问题解决过程,更是孩子们为了自己更好的生活而去讨论、建议,学习正蕴含其中。

四 自由的游戏场,学习悄然发生

沙地、泥坑、水池、草地、山坡是青苹果幼儿园自然野趣的户外场地,给予了孩子们体验各种不同的游戏带给自己快乐的机会。而学习,在这些游戏中正在悄无声息地发生着……

镜头一:沙漠绿洲

幼儿园的玩沙区有它独特的魅力,孩子们总是乐此不疲地去探索沙子里的未知世界,常常看到孩子们在沙池里挖呀挖呀挖,挖出了大型沙雕、弯曲绵延的水渠、深坑酒店……孩子们通过尝试和探索,感受沙子的特性,获得不同的体验和感受。

突然有一天,孩子们对玩沙区角落里长出的一根小嫩芽产生了浓厚的兴趣,于是一场关于开辟"沙漠绿洲"的行动开始了。颂颂、彬彬、玲玲几个孩子们围绕着小嫩芽观察讨论起来,"沙地里怎么会长出植物,它是怎么来的呢?""为什么沙漠中很难种出植物。"每一个问题都是大班孩子探究的开始,为了让小苗能顺利活下去,他们给小苗搭建了围栏。可是好景不长,过了个双休日,那棵小苗还是死了。于是他们再次翻阅资料,发现原来植物的生长跟土壤的质量有着密切的关系。于是,他们尝试了多种方法培育小苗,有的取来泥土与沙进行混合培植,有的去学习能维持不让水分流失的方法,还有的在沙地里培植多种植物进行种类探索的。在他们的不懈努力下,沙地里出现一片非常震撼的"沙漠绿洲"。

图 3-3-2 讨论

图 3-3-3 给小苗做围栏

图 3-3-4 反射阳光

图 3-3-5 沙漠绿洲

在游戏中,"学习"就是孩子们通过实际操作、亲身体验,去模仿、感知和探究,不断积累经验,逐步地建构自己的理解和认识的过程。这样的学习对幼儿来说才是真正有意义的学习。游戏中孩子们奔着开辟"沙漠绿洲"的同一目标自由组合在一起,通过相互的配合和协调实现共同的目标，引发了孩子们的合作行为，使合作行为从被动转为主动，内化于心，增强了他们的团队合作意识和责任感。同时，在这个过程中，孩子们遇到问题会自主讨论、自主查阅资料、自主制定计划，从而解决问题，形成认知结构，获取经验。教师应更努力成为幼儿学习的支持者、引导者和合作者，让孩子们的学习变得更有意义。

镜头二：小小送水工

游戏让孩子们着迷，每天都沉浸在自己的游戏中，正当大家都在认真地探究体验时，在我们的游戏场上总有一名孩子骑着他的小单车，到处叫卖，"谁要喝水？谁要喝水？"这就是我们的小小送水工，会给着迷在游戏中的伙伴们送上一杯夏日的凉爽。

● 送水工的由来

这个送水工怎么产生的呢？其实缘于一次保研活动，保健老师发现，疫情的长期居家导致园内超重儿、肥胖儿明显增多。而从幼儿每日佩戴的运动手环的数据中观察发现，这类孩子表现出懒动、运动量不达标的现象。听到保健老师这么一说，教师们灵机一动，是否能针对这类孩子设置一些他们感兴趣的游戏，让这些孩子能愉快地动起来。于是"小小送水工"游戏开始了……

● 谁来做送水工？

我们利用轮流制的形式，让每班的超重儿、肥胖儿都有机会参与。孩子们骑上改造后的送水车去送水，看到同伴们喝到了自己送来的水时会非常满足，送水的积极性更强了。回到教室后，他们也会对过程中遇到的问题进行讨论，其中一个孩子说："我的篮子总是会满出来，导致后面杯子都放不下了。"另一个孩子说："放不下后很多杯子都被扔在地上。"还有的孩子问："我们能不能去给别的班级小朋友送水呢？"讨论过后，孩子们想出了新办法，比如喝完的杯子叠起来收纳，实在放不下先去垃圾站扔掉，还可以骑到更远的地方给别的班级小朋友去送水。

● 送水工 or 导游？

在一次对外开放活动中，一名中一班的送水工，一边送水一边向客人老师介绍着：

"这里有滑草,这里是沙画,这里是旋转木马,这里可以挖泥鳅,这里是我们的'婚礼'现场。"正因为孩子之前在做送水工的时候去过每个地方,看到了各种游戏内容,所以他能用自己的理解向客人老师介绍着他的所见所闻。甚至有客人老师问他:"这么好玩的游戏,你为什么不去玩?"他说:"我觉得做送水工更有意思,可以看到这么多好玩的游戏,还能给别人送水。"

孩子们在简单的"送水工"游戏中不仅增加了运动量,锻炼了身体,还养成了助人为乐的品质,更锻炼了语言能力,能和朋友、老师更好的沟通,增强了社交经验,变得更礼貌了,自信也得到了提高,感受游戏带来的快乐。孩子们会在过程中及时发现问题,一起出谋划策来保护环境,自主解决问题。

图 3-3-6　喝完水放进垃圾桶　　　图 3-3-7　喝水之前擦下毛巾

在这一刻游戏中适宜体弱儿的学习也在悄然发生着。

镜头三:特别的楼梯

幼儿园有这样一群特殊的孩子们,每天与大家一同游戏着,那就是我们的阳光宝宝班。普特融合的游戏环境对孩子们是相互影响还是相互干扰呢?

大四班的蓉蓉和千千正在大滑滑梯区进行游戏,迎面看到特教班教师把凡凡搀扶着走了过来,并听到了特教教师与保健老师在交流,"凡凡的言语能力还可以,但是需要进行肢体康复,多练习走路。"于是,蓉蓉和千千低声地商量着:"我们刚刚搭一个楼梯,我测试过了挺稳的,要不我们带着她走一走。"于是千千和蓉蓉来到凡凡面前,主动拉着她的手说:"我们带你一起玩吧。"凡凡开始有点拒绝,但是在老师的鼓励下,还是跟着蓉蓉走上了楼梯。千千在前面走,凡凡在后面跟着,蓉蓉在一旁大声地鼓励着:"真棒,再试一次。"就这样凡凡在两位大班孩子的带领下,成功地走完了"楼梯",从凡凡脸上的笑容可以看出他们能和普通孩子在一起游戏是无比的快乐。

图 3-3-8 我拉着你走 　　　　图 3-3-9 再试一次

可以看出,在普特融合的游戏环境中,带给双方孩子的是相互影响。普通班孩子结合特教班孩子的需求为他们找到了特别的游戏材料——用碳化搭建的楼梯。这充分说明了孩子们心中充满了爱,才会处处为他人考虑,这也是大班孩子难能可贵的非智力因素的能力。游戏让孩子们成为有能力的、有感情的学习者。

五 多元的主题中,学习持续发生

随着主题活动的不断发展与探索,儿童观与课程观也在不断变化,为幼儿"终身的学习和发展奠基"的育人目标,让我们认识到幼儿是有能力且主动的学习者,在主题实施过程中,坚守幼儿作为"学习主体"的空间和权利。《幼儿园保育教育质量评估指南》

中提到,关注幼儿学习与发展的整体性,注重各领域有机整合,促进幼儿智力和非智力因素协调发展,寓教于生活和游戏中。我们也将不断优化,深入开展主题活动,让幼儿的学习在多元的主题中持续发生着。

镜头一:大家都是我的老师

我们在青苹果幼儿园园本课程中创设了各种可能,让幼儿在个别化学习活动、游戏、运动、生活中进行自主选择,从而发挥幼儿的主体性和自主性,成为学习真正的主人。那么集体教学呢?我们也尝试根据幼儿自身的学习兴趣、愿望及需要,创设了通过提供不同形式的学科领域菜单,供幼儿自主选择的一种教学模式。

● 小班——选老师

为了引导幼儿选择不同的老师和伙伴一起来学习,认识更多的新朋友,我们把小班组所有老师按特长、授课的内容以照片和图片的形式向孩子们公开,让他们根据自己的兴趣、喜好自由挂牌选择老师或班级。

● 中大班——选学科领域

选学科领域指幼儿根据自身喜欢的学科领域或喜欢的教学内容自主选择学习菜单,补充主题学习的内容。我们把同年级组的老师根据自己擅长的学科领域以图示的形式向孩子们公开,让他们根据自己的兴趣、喜好自由挂牌,选择老师。

在活动前提供多样化、可选择的内容,鼓励幼儿大胆选择,也可引导幼儿根据自己的学习水平或兴趣需要进行合理选择,在选择过程中尊重幼儿选择的意愿,体验不同教师的风格。活动后汇总幼儿选择某一教师、某一学科领域的频次,分析幼儿选择或不选择的原因,为下一次调整活动做准备。

镜头二:持续研究的个别化学习活动

十多年来,我作为上海市教材中心组成员,一直带领着老师们进行个别化学习活动研究,始终坚持扎实每一步,努力探寻其中可复制的经验,青苹果也成了个别化学习基地,在不同的思维方式中,践行着不同的实践模式,逐步积累了一定研究经验。

(一) 厚积薄发——厘清、规律

从"孩子需要什么——想清孩子的需要"的思维方式出发,践行"一个循环、两种行为、两种认知"的模式开展个别化学习活动。其中"一个循环"指的是课程循环:围绕主题核心经验为核心,计划—实施—反馈—调整,从而形成一个完善的主题方案图。两种行为指的是"解读与化解""架构与推进"。两种认知指的是"课程认知,外方内圆""儿童认知,外圆内方"。

案例:自制茶叶

在"有用的植物"主题下,根据主题核心经验:植物能保健,结合主题参考书,创设小茶坊。在主题实施过程中,幼儿对茶叶的制作特别感兴趣,于是在小茶坊中产生了自制茶叶活动。

案例:街心花园

在"有用的植物"主题下,根据主题核心经验:植物与人类生活的关系,利用各种材料搭建街心花园。师幼共同收集纸杯、饮料瓶、管子等低结构材料,木质房屋、积木房等高结构材料,高低结构结合进行搭建。

(二) 化整为零——思辨、破框

从"孩子需要什么——看懂孩子的需要"的思维方式出发,需要思考的是反思惯性行为,探寻价值本真。我们可以时刻反问自己,孩子的需要你看了吗? 孩子的需要你真的看懂了吗? 是不是只要是孩子的需要我们都要追随? 我们更需要通过自己的观察、辨析、判断来践行个别化学习活动。

案例:奔跑的蜘蛛+乌龟赛跑

在大班主题"动物大世界"背景下的区角活动创设中,教师从抖音上看到了利用水油分离原理玩"奔跑的蜘蛛"这一活动,觉得很有意思,于是投放进区角里。开展了一段时间后,发现孩子对这个活动其实一点都不感兴趣,画一下,用水冲一下,活动就结束了,孩子开始无所事事。这时教师开始思考,究竟孩子真正的需要是什么呢?在观察中发现,孩子对植物角里爬得慢腾腾的乌龟特别感兴趣,结合主题体验"动物趣事",开展了区角活动"乌龟赛跑",这一次孩子们的探索是热火朝天。

与此同时,我们还开展了破框行动,破除固有思维,接纳打开方式。其一,从材料投放到材料支持,投放是一种"即刻完成的动作",因此"材料投放"这个词语本身并不鼓励教师在完成投放以后进行反思和改进。"投放"反映的是一种单向的关系,事实上教师的进步源于反思,源于改进,源于着眼儿童的整体发展,源于制造材料之间创造性的联系。其二,从"尊重儿童"到"坚守立场",坚守儿童立场,推进主题课程实施,没有课程观的儿童观是没有力量的。其三,从"追随有趣"到"坚定价值",判断材料价值,追随有价值的有趣。

案例:水果保鲜盒

水果保鲜盒来源于幼儿的二次行动,他们把水果放入冰箱后发现"香蕉烂了",于是"如何给香蕉保鲜"行动开始了。幼儿设计制作了水果保鲜盒,但在制作过程中发现班级材料库里没有合适的材料。于是幼儿根据需要,借助游戏室的材料最终解决了问题。活动中幼儿的行动轨迹围绕着:发现(无合适材料)—借助(游戏室材料)—选材(扭扭棒)—再制作,可以看出幼儿在过程中更自主,材料选择更多元,空间场地更大。

(三)破茧成蝶——探索、生长

从"孩子需要什么——最终让孩子回答"的思维方式出发,当 STEM 走进幼儿园时,我们在不断反思中修复观念。通过学习获得的对儿童观的认知,并不是真的儿童观,我们在成长中形成的潜意识与大脑认知很多时候不一致,发挥作用的往往是潜在意识。儿童是能自己回答她们的需要,你看到了吗?只有孩子主动发起的学习才是持久的。在不断反思中修复行为,你的行为不一定是规范的教师行为,更多的是自己的习惯而已,特定环境下的自觉,一日活动中的行为才是真正的你,不一致会给孩子学习带来很大困扰。在不断反思中修复态度,你的态度决定你和儿童建立怎样的师生关系,尊重产生信任,平等产生交流,民主实现协商,不是真正的由心而动,儿童无法体会到真正的尊重。尊重儿童,绝不是一个"蹲下来"的姿势,而是思想上的平等和接纳。

举例: 教师在过程中的适度介入很难

——如何判断介入过早

＊孩子是反复尝试了很多次都没成功吗?

＊孩子是已经想要放弃了吗?

＊孩子是已经没信心了吗?

＊孩子是已经很沮丧了吗?

＊孩子是产生攻击性行为了吗?

——如何等一等

＊孩子求助时你等一等——可能同伴协商即将产生。

＊孩子没出现你期待结果时候你等一等——可能真实需求即将提出。

＊孩子不知道该如何玩你等一等——可能探索玩法即将发生。

＊孩子学习任务已经完成时候你等一等——可能后续问题即将跟进。

＊孩子学习中缺少材料时你等一等——可能替代行为即将看到。

搭建观念的支架:其一,改变儿童观认知——WHAT。对原有思维、做法以及一切原有认知的思考,相信儿童能真实地回答需要。当我们把眼光专注于孩子,就会发现有趣而有意义的故事随时都在发生,只要他们是自由的,可以自在地做出选择,自主地开始行动。孩子看似不经意的行为,却能直接触摸到了事物的本质。其二,倾听并支持孩子的理论建构——WHY。要做孩子的倾听者,做孩子的学生,鼓励支持孩子自己的建构,问自己是想得到正确的答案,还是孩子的思考。其三,相信与质疑,提出好问题——HOW。鼓励孩子建立自己的思维体系,教师要问真问题和概念性问题,引发高级思维。我们需要的是孩子思考的过程,并不是他们的正确答案。

个别化学习活动的价值取向在于儿童,努力让个别化学习活动的生长在儿童的发现里,让学习融合在儿童的游戏里,让目标渗透在材料里,让成长发生在活动里,关注过程比关注结果更重要。

镜头三:无界红色博物馆

结合青苹果实际,注重幼儿当下生活与已有的经验,以及幼儿的需要满足和过程体验,我们从《上海市课程指南》出发,挖掘学习活动中具有红色教育价值的主题内容,延伸出相应的无界红色博物馆活动主题。在开展无界红色博物馆的实践过程中,我们发现它既能与集体活动相融,也能与个别化学习活动相融,在这样的过程中能让幼儿的学习更有益。

在"英雄人物"展馆的布展过程中,孩子们自发收集了许多英雄人物的事迹,并观看了革命时期英雄的电影,比如《二小放牛郎》《八佰》等。于是,我们在集体活动中,开展了一次制作小人书的活动,孩子们给自己收集的英雄人物制作成可供他人阅读的小人书,制作完后通过介绍、讨论和投票选出可以放在博物馆展览的展品。同时孩子们发现英雄们都有很多武器,于是在个别化学习活动中,自发生成了制作"武器"的活动,找来了纸、纸盒、绳子、纸筒等材料制作出了"手榴弹""炸药包""步枪"等,并做好标签在博物馆内展览。

图 3-3-10 制作的小人书　　　　　　图 3-3-11 摆上武器

　　无界红色博物馆的诞生是师幼共建的过程,由于红色元素的特殊性,教师要与孩子一同进行内容筛选,可以利用多元化的主题活动推进无界红色博物馆的实践。幼儿在探索过程中,会产生很多不同的表征作品,这些表征在一定程度上反映了幼儿感知事物的所思所想。同时,这些作品在博物馆中的呈现,可以让幼儿充分分享探索的成果,进一步引发幼儿的探索欲望。无界红色博物馆以物质的形式为幼儿提供学习场所,以动态的形式呈现幼儿的学习经历,由此促进幼儿各方面的发展。

 六　丰富的实践地,学习无处不在

　　幼儿园园本课程实践至今,在全体教职工的不懈努力下,逐渐走向科学与规范,也逐渐拓广、拓深。我们尝试开发了融入四大板块的"小鬼来当家""运动嘉年华""游戏世博园""运动嘉年华"的日常实践活动,通过研讨和实践,还逐步开发了一些专门性的特色活动"小达人体验站""小潮童拓展营""小当家童盟会""小 Q 博物馆"等,给孩子自主意识、自主机会和自主能力,在这些内容丰富的实践地中,学习无处不在。

　　镜头一:"超市购物"中的学习

　　"小达人体验站"是去往相应社会场所体验真实的社会活动,让孩子在其中真生活、真选择、真体验,提升孩子在真实生活情境中解决问题的能力,培养他们的社会交往能力。

　　"超市购物"是小达人体验站活动中常驻项目,活动前教师和选择这个项目的幼儿进行了讨论,幼儿设计了出行计划书,确定了购物清单,选择了购物区域,并自主准备了购物资金和购物袋。此外,还列出了一些注意事项。准备好计划书后,孩子们兴高采烈地去逛超市了,在这个过程中,他们遇到了各种问题。

　　片段一:

　　小达人体验站活动开始了,中二班的孩子们一路上都特别的兴奋和激动。到了超市时,孩子们便自主分组开始了购物。宸宸和菲菲平时是一对好朋友,所以在分组的时候他们选择在一起。在拿购物篮子的过程中,传来了菲菲和宸宸的争吵声。因为,活动之前孩子们自主商量了每组只需要一个购物篮子,菲菲比宸宸先拿到购物篮子。只见宸宸生气地拿着篮子的边框说:"我要拿这个篮子,这个篮子是我先看到的,不然我不和你做朋友了。"菲菲拿着购物篮子的把手说:"是我先看到的,我不能给你。"由于两人的僵持不下,这组的小朋友还没有开始购物,其他小组却已经在行动了。这时候,宸宸主动说:"那你先拿一会儿购物篮子,等一会儿给我好不好。"菲菲欣然地同意了。

片段二:

在购物过程中,当宸宸拿着购物篮子的时候,开始用目光扫射货架上的物品,使劲往购物篮子里装东西,看到琳琳拿了饼干,他也拿了同样的饼干放进了购物篮子里。琳琳提醒他说:"宸宸,你怎么和我买的一样啊,你画的计划书上没有饼干呢,你买的东西太多了。"听了琳琳的话,宸宸开始一件件筛选,把不要的东西都放在了一个货架上。这时菲菲提出:"宸宸,我妈妈告诉我,我不要的东西要送它回家的。""我不知道它的家在哪里。""那我们一起去找找吧。"说完,菲菲就帮着宸宸一起找起了商品货架。

宸宸在购物的过程中从同伴的身上学习到了要遵守公共规则——物品要放回原处。在这样真实的情境里,孩子们的学习发生在经验的传递中,解决问题的方法中,协商分工中。小达人体验站的活动对促进幼儿社会化的进程和幼儿人格的全面发展等都有非常重大的意义。

镜头二:去植物园秋游咯

"小潮童拓展营"结合了社会实践活动,如春秋游、主题活动等,可以由家长陪同,让家长、幼儿事先知道所去的场地,并与同伴或家长事先做好计划,在外出过程中遇到问题能积极解决,并记录后回园分享。在活动过程中,培养幼儿的团队合作精神以及社会交往能力,进一步培养幼儿的自主能力。

秋游时,我们在家委会的参与下形成了一张秋游地点征询单,发放给孩子们,通过投票选择,最终确定了辰山植物园作为本次的秋游目的地。大班孩子表示即将开展"有用的植物"主题活动,想去收集些资料。

宝月和睿睿一直都是好朋友,这次她们约定要在植物园里一起游玩,于是决定两人一起行动。他们拿起笔开始规划起他们的计划,"我要去看食人花,上次在电视里看到食人花比人还高。""那我要去看猪笼草是怎么吃昆虫的。""我还要找到公园里最美丽的花朵。"说着便纷纷在计划书上画起来。

过了一会儿,他们又开始策划起要带的物品,在计划书的物品一栏上画了书包、风筝、滑板、纸巾、玩具、水杯、创可贴、酒精棉签、相机、薯片、糖果等。"我们再带个垃圾桶放垃圾吧。"说完睿睿便准备画上垃圾桶。"可垃圾桶太大了,而且公园里肯定有,我们还是带个垃圾袋吧。"宝月说道。睿睿想了想表示同意,便将垃圾袋画到了计划书上。"啊,睿睿你别忘了画雨伞,秋游那天我让妈妈查了一下说是要下雨。"

你一言我一语间,一张原本空白的计划书慢慢变得满满当当,我忍不住问他们:"游玩的时候,你们认为是东西带得越多越好呢,还是少一点好呢?"他们都回答是越多越好。

小潮童拓展营特色活动,将一向由园方决定的亲子秋游地点,交给了家委会和孩子们,践行了幼儿园活动以"幼儿为主体"的核心理念。活动前幼儿尝试做计划,通过自主策划增加幼儿学习的主动性和能动性。秋游前可以让孩子和家长一同准备,而不再是家长一个人的事情。老师在一旁记录着宝月和睿睿的话语,虽然提出了问题,但没有直接干预他们。因为教师相信只有真正实践了,孩子们才知道东西带得多究竟好不好,在这样的亲身经历中他们才能有所得,有所悟。

镜头三:第一次写信给妈妈

"小当家童盟会"结合了幼儿园的大活动和节日,通过小司仪、小主持、小宣传、小策划等小主人参与策划宣传组织活动,培养幼儿的自主能力。

马上又要到母亲节了,今年的母亲节怎么过呢? 孩子们纷纷讨论起来,这时候,一位孩子的想法得到了大家的认可,那就是给妈妈写一封信。

"上次我参加'小达人体验站'活动时去寄过信,写信需要邮票、信封,才能把信寄出去。"一个孩子说道。孩子们将在"小达人体验站"活动中获得的经验带到今天的活动中。有了同伴们的分享,大家都同意用这种形式来表达自己对妈妈的爱,还提醒老师要提前一点寄信,这样妈妈就能提前收到他们的祝福了。于是,这样一份特殊的礼物就悄悄在孩子们的策划中准备起来了。

活动结束后,我们对收到信的妈妈进行了采访,妈妈们表示这份礼物真的太特别了,要将其封存起来。回忆年轻的时候,写信是妈妈们经常做的事情。随着时代的变化,写信这样一种沟通方式已经渐渐淡出了人们的视野中。孩子们能利用这样传统的形式进行情感交流和沟通,非常地难能可贵。"小当家童盟会"活动给予幼儿充分的空间去想象,开发出不同的节日形式。植树节,共同种下一棵爱心树;爱牙日,邀请医生妈妈来宣传;地球日,制作海报去宣传等。孩子们在一次次活动中大胆想象,学习无处不在。

图 3 - 3 - 12 妈妈很快就能收到我写的信了

第四节 教师日常与成长

随着《全面建设高质量幼儿园的实施意见》发布，我们陷入了深深的思考，高质量发展视域下的教师应该是怎样的。我们想，应是自主、内生，具有源源不断生长力的老师。同时我们也在不断地思考，自主教育需要怎样的老师。高质量发展视域下，我们幼儿园又需要怎样的老师。我希望，我们的老师是创新型人才，是会研究会反思的高质量教师。

 文化：在日常中传递

一个好的园长成就一所好的幼儿园，有魅力的园长，不是用职位或权利来领导和管理，而是用一种精神、一种文化来引领和影响，因为文化具有弥漫和感染的作用，文化就是力量，就是方向。幼儿园高质量的发展最终依靠的就是文化，通过文化的熏陶，可以凝聚激励幼儿园的每一个人，让幼儿园的发展更有力量，让教师队伍的发展更加快速、质量均衡。

（一）打造传递文化——传承每"1"个

随着青苹果规模的不断壮大，我们也一直在思考如何实现大规模园所师资队伍的均衡,如何做到各类培训信息及教育理念的及时传达等,最后我们发现文化是关键。于是,我们开展了"薪火行动",通过这一行动,让理念可传递,让信息不断层,让课程可生长。

幼儿园内的骨干教师基本都参加了区内各类中心组,如音乐中心组、个别化学习中心组、运动中心组、游戏中心组、托班中心组等,他们在专家、教研员的带领下,吸纳到很多最新的理念并且参与各项课题的研究,而这些经验或信息是园内其他教师所无法获得的。于是我们利用"信息直通车"这一方式,在教师培训时,让这些骨干教师将每一次外出学习到的内容制作成简单的演示文稿,把最新的理念或信息传递给所有教师,这样在我们开展日常活动时就可以及时调整跟进。如托班的杨老师在参加了区中心组后,了解到托班幼儿是可以尝试跟3—6岁幼儿共同游戏的,通过以大带小的方式提高托班幼儿各方面的能力,于是托小教研组就纷纷开始讨论,尝试让托班幼儿与大班玩泥区的幼儿共同玩泥。在一段时间的实践后,我们托班幼儿的生活自理能力、语言交往能力等确实有了明显的提升,而所有教师原先对托班参与户外游戏的担忧也慢慢消失,更加开放大胆的想法慢慢出现。教师放手了,托班幼儿的能力则更强了,原先小心翼翼的教师也变得更加自信大胆,我们托班的环境也成为全区的示范点。

(二)创新活动机制——激活每"1"个

青苹果的校园文化是"青出于蓝,生发成长",意在不断创新生长活力机制,让每个教师都能成为课程的主人。因此我们采取了一系列举措。

其一,联盟教研机制。为了打造向内生长的土壤,我们创新了联盟机制,以差异互补的方式结盟,如兴趣差异之间联盟,班班之间联盟等,通过自由组合的方式,针对问题共同诊断和研讨,从而提升教师实践课程的能力。

在创设个别化学习活动时,中一班的李老师在创设环境上特别有想法,因为她是美术学院毕业的,在美的创设上有自己的特长,但是她对主题核心经验的把握以及如何站在儿童立场去创设个别化学习活动等方面略微欠缺了一些,而中二班的王老师是科研部成员,她有较强的理论功底,且对个别化学习的核心经验研究较深,于是她们两个班级就形成了联盟。在创设个别化学习活动时,她们就会聚在一起商量讨论,最终让两个班级的个别化学习活动在每次的评比中均能获得不错的成绩,而李老师慢慢地也对如何将核心经验融入环境中有了自己的思考。王老师则在李老师的带领下,对如何让环境变得有美感的能力有了一定的提升。

其二,积分实施机制。定制教师专业成长积分卡,罗列所有项目,大到领衔的课程项目、特色创建等,小到参与实践研讨与展示,累计积分作为年终先进评选的量化指标和职称晋升的重要指标,以此来激发教师专业成长的活力。

每学期的各类节日活动原先都是由家教部部长或组长负责策划制定,但是自从推行了积分卡,我园的新教师们都会主动地报名承接这些节日活动的策划和组织,不仅减轻了家教部的工作量,同时也让活动更有创意和活力,而这些承接任务的教师也获得了大量的积分,在年终评先进时也有优势。

(三)制定成长规划——成就每"1"个

教师的专业成长是动态发展的,因此我们不断关注着所有教师的动态化成长轨迹,为其制定合理的成长规划,让每一位教师的成长都能被看得见。我们建立了层级评估机制,通过自评检测目标达成度,层级他评寻找专业差距,最后进行终评调整自我规划。评价为每位教师提供了个性化的专业建议与支持,让每一位教师持有一张"成长护照"。

 师德:在日常中弘扬

(一)当前高质量发展视域下需要怎样的教师?

当前,党的二十大提出"要建设社会主义建设者和接班人,要将育人目标作为教育发展的制高点。"我们一直在深入思考当前高质量发展视域下需要怎样的教师？那就是以"德"为先。在青苹果,我们一直倡导打造有理想信念、有道德情操、有扎实学识、有仁爱之心的"四我"好教师。

在践行自主教育课程时,我们更需要一批自主动态生长的老师,努力打造我要、我思、我行、我乐的"四我"自主发展的教师团队,用文化产生驱动,用需要激发波动,让每位教师都想成才,也都能成才。在一次"四有好教师"的分享会上,有这样一个故事,来自新教师夏老师的讲述。

夏老师在指导半日活动中,发现有一个孩子特别内向,不喜欢与别人交流,也不喜欢参加活动,常默默地坐在教室的角落里,看着别的幼儿玩耍。为了帮助这个孩子,她与家长沟通了解到这是因为最近爷爷的去世给孩子带来的变化。于是夏老师放学后特意陪伴孩子,与他聊天,用言语上的温暖和行动上的关爱,感染他,并与家长一起商议,为这个孩子制定了一系列的心理疏导和关爱计划。渐渐地,这个孩子的话语开始变得多了,通过温暖的陪伴和有效的引导,他逐渐走出了阴霾,重新变得开朗、自信。

通过这个案例,我们可以发现优秀的教育工作者不仅需要有热忱,还需要有高度责任心。幼儿教育工作不仅是一份职业,也是一种责任和奉献。做好这份工作,需要付出更多的时间和精力,保持高度的工作热情,面对一切工作都要认真负责,不放过每一个细节,学会关注每个孩子的个性和需求,注重幼儿思维的引导和培养。我们始终坚信只有"四有"好教师才能培养出"四自"儿童。

（二）如何基于国家意志下的人才培养？

整整 13 年,青苹果从一个园到三个园,从新建园到市级示范园,最终果香满园。其间,我们努力打造"1+3+N"师德建设机制,关注每一个教师,用"传递"文化将师德从 1 传递到 N 个教工,有三个抓手。

1. 建立 1＋3＋N 师德研训机制

(1) 立德——关注"每一个"，建树"形象标"。

打造师德，关键是将无形变有形，因此必须立形象指标。其一，勾勒"身边之美"。全力勾勒"青苹果精神长相"，从身边的案例链接到师德指标，作为表率成为教师眼中标杆。其二，弘扬"各美其美"。我们尊重教师各自特点，每年评选"感动青苹果人物"，有的教师带病坚守岗位默默奉献，有的教师在疫情中做志愿者人人夸赞，还有的教师潜心钻研，专业出类拔萃，呈现不同精神长相。其三，传承"美美与共"。师德先进通过带教传递、师德巡讲等，用传递文化将师德从 1 传递到 N 个教工。

如第一届感动青苹人物余老师，她在得知自己身体有异样，医生建议进行手术时，为了不影响带班，将手术一拖再拖，一直拖到了暑假，在此期间，她都一直忍受着身体的不适，坚持了足足一个学期的工作。余老师其实完全可以选择在上班的过程中进行手术，但对孩子的责任、对班级的责任、对幼儿园的责任让她思考再三、犹豫再三。因为她一直说："不要麻烦别人，尽量自己克服。"她是这样想的，也是这样做的。又如第二届感动青苹人物余老师，一名 90 后组长，有担当和有责任感。刚接手师训专管员任务，作为一个师训新人，她不惧困难、虚心请教，当时正值"十三五"验收的关键时刻，她挺身而出，承担任务，奋战 50 个日夜，终于功夫不负有心人，赢得了专家的一致好评，为幼儿园赢得了荣誉。之后又带领自己的教研组参加区优秀教研组的评比，获得优秀教研组的荣誉……故事还有很多，这些故事其实都很微小，但是这些教师却在平凡的岗位上，彰显了"尽一场职，恪尽为员工的使命；守一份责，坚守为人师的责任"的师德风貌。

(2) 育德——打造"每一个"，建构"育人场"。

只有构建师德场域，才能人人育德。今年当宝山区号召"万名教师走万家"，我带头走访，有几个亮点：其一，N 个组合走 1 家。强化走访需要，教师们在走万家之前，精心准备方案，根据幼儿不同特点，组合推进，如体弱儿家庭就让教师和保健老师组合，家长不重视教育的家庭就让我和教师共同组合等,使得家长深受感动。其二,1个家庭走 N 次。强化走访实效,教师们一家有时候连续走多次,目的就是为了将教育送进家庭,在走访过程中我们坚持打造"每一个",建构家园"育人场"。

(3) 化德——提升"每一个",建造"助力泵"。

将陶行知思想研究融入教学中,用"三谈"来助力教师将德转化能。一谈为师,学习习近平总书记提出的"大先生"到日常教学,推进教学合一;二谈赋权,从陶老先生提出的"六大解放",到青苹果践行的自主教育中的幼儿"六大权利",不断思考是否真正赋权幼儿;三谈自省,从陶老的每天四问,到培养教师的 4C(批判性思维、创造性、合作、沟通),强化教师的批判性思维培养,最终提升每一个教师,确保每一个幼儿得到发展。

2. 关注信息技术人才培养

技术应用能力是新时代高素质教师的核心素养,在"十四五"规划中明确提出不断打造转型人才。在当前大数据的背景下,教育教学如何结合当下的变革形势而拓新?如何运用好这些大数据来支持儿童的发展?我们以活动"基于儿童立场的信息化教学活动设计与实践"为例。

课例一:刘老师的"成长的烦恼",在教学过程中运用了直播功能,通过腾讯会议链接,支持家长共同参与课堂,形成了幼儿与家长的互动对话,加强情感联结。

课例二:佘老师的音乐活动"挤奶舞",重新调整了原本执教的音乐活动,将信息数据充分运用其中。环节改变一:幼儿用肢体表现挤奶的情景。在播放音乐幼儿进行舞蹈表现的过程中,用手机投屏了幼儿舞蹈的片段取代了原有的幼儿表演教师评价的过程;用手机录像记录更能对幼儿进行个性化的支持,幼儿表演完后将手机录像进行投屏,在投屏中幼儿可以看到自我和他人的表现,让评价更科学。改变二:幼儿情景创编。增加了电子白板,将幼儿的想法用图符记录下来,为幼儿的后续表现提供支持。

问题：在日常中解决

青苹果在十余年探索中，凝练了"青出于蓝，生发成长"的校园文化理念，寓意着我们的教师具有自主内生、人才辈出、追求卓越、不断创新的精神风貌。面对我园不同分层教师发展的现状，以及日常活动中存在的真问题，我们应研读教师成长规律，利用多种途径，破教师发展瓶颈，从而引导每一位教师不断地向高质量的专业发展道路前行。

（一）破方法，攻难点

学前教育的发展是飞速的，各种政策、纲领在近几年层出不穷，而当这些文件、书籍等专业支持不断涌向我们的教师时，她们吸收、消化的能力是有限的，因此会徘徊、迷茫，甚至走入一个误区，当遇到这样的瓶颈时，我们会采用不同的方法去攻破这个难点。

当《幼儿园个别化学习区角活动设计参考》这套教参发刊后，为我们教师提供了专业的支持。但我们在实践后发现结果并不理想，大部分教师只关注"活动实例照片"，少部分教师会关注"材料和玩法""观察重点"，而几乎无人会最先关注"核心经验"或关注到"提示"这部分内容。

面对这些问题，我们开展了一段时间的教参导读，和老师们一起"近距离"看教参，告诉大家可以先看什么，想什么，再看什么，想什么，如何用好这本书，用好这根拐杖，为孩子们创设出符合其年龄特点的，好玩、有趣、易操作、耐探索的区角环境。以小班主题"动物花花衣"为例，我们的导读是：

第一步：看核心，化内容。"动物花花衣"的核心经验是分辨动物的明显特征；亲近、喜欢动物（有兴趣探索常见动物）；乐于模仿表现（制作、拼搭、表演等）。知道了核心经验和相关的活动实例后，我们就层层解析，抓关键，选内容。提出了三种方法：

（1）高低转化。个别化学习区角活动与集体教学之间是可以互相补充、互相转化的,有些区角内容可以利用集体教学活动的形式来完成,达到促进幼儿发展的目标。

（2）尊重教参。在每个主题中60％—70％都属于基础的、保底的、普遍的内容,其余30％—40％的内容,可根据本班幼儿的实际情况自行选择与生成。这样,既有共性,又具个性,既能保底,又可拓展。

（3）尊重幼儿。根据各班幼儿的兴趣爱好、经验水平,有的放矢地进行取舍。

第二步：看玩法,巧创设。内容有了,那么如何将其变成可操作的材料,可以做些什么,怎么做。此时,可参考教参中的活动实例照片来做,小班的区角要做得好玩、有趣。因为3—4岁的儿童对周围世界充满浓厚的兴趣,对新鲜事物具有强烈的好奇心,会主动接近,专注地看看、动动,探索其中的奥秘,所以,只有将材料做得好玩有趣,才能激发幼儿探索的兴趣。

（1）融与化。由于小班幼儿只对形象鲜明、具体生动,能引起强烈情绪的事物才感兴趣,同时这一时期的主要学习方式是模仿,因此,我们在选用个别化学习区角活动的场地时,应充分利用幼儿熟悉的游戏情景开展区角活动,凸显活动过程的情趣性和可玩性,将主题的核心经验与游戏情景融合在一起,才能有效地激发幼儿操作的兴趣。

（2）变与不变。不变的是核心经验,变的是内容玩法,从单一操作变为多元操作。

第三步：看要点,明方向

观察要点指向核心经验。我们必须把握观察要点,从中获得调整的依据,才能有发展的方向。老师只有关注了观察要点之后才会在行动上发生变化,会抓住观察重点中的关键词进行观察,捕捉幼儿的行为表现,然后再用观察要点与幼儿行为进行比较,分析发现幼儿的优点与不足,从而引发教师跟进性行为的思考。

第四步：看提示,激思路

只有关注《教参》中的提示内容,才能增强教师的捕捉调整能力,有效推进区角内容。

（二）破形式，攻焦点

教研是幼儿园的常规工作，或许也正因为这一"常规"，框住了我们教研组长的思路。而高质量发展视域下的教师应是研究型、反思型的教师，在不断与自己对话，不断推翻自己的思辨过程中成长。因此，我们在日常教研组长会议中鼓励组长们要大胆提出自己的想法，破固有教研思路。于是，基于平等关系下的新型教研转型的"火花"出现了。A老师说："我想加一次基于现场的教研（即时教研的需要）。"B老师说："我想加一次不按照教研主题计划的教研（聚焦问题的需要）。"C老师说："我想加一次由原来这个班级老师加入的教研，这样更能了解孩子（了解儿童的需要）。"D老师说："我想加一次和骨干教师们一起的教研（平等对话的需要）。"

就这样，新型的教研形式出炉了，基于平等关系，多种组合促使团队均衡优质，而通过打破这样的一种教研形式，也激发了我们所有教师参与教研的主动性、积极性，从"要我教研"转变为"我要教研"，在一次次新形式教研的开展下，许多存在于教师身上的共性问题或焦点问题也得以解决。

中班年级组有一次开展的教研主题是"如何在游戏小档案中循证反思，解读幼儿在游戏中的学习和发展水平"。针对这个内容，我们的年级组长徐老师把幼儿园里的几位骨干教师，如区游戏中心组的晓蕾老师，园级骨干负责游戏项目组的杨老师，园级骨干施老师、芝芝老师等都邀请到了组里，并且为了不与其他年级组的教研时间产生冲突，她向保教主任申请由原先周三开展教研活动改为周四教研，这样既不耽误其他组室开展教研，也能让骨干教师们安心参与教研，给组内的老师们一次与骨干教师们交流讨论的机会。

徐老师："看了这个视频大家有什么发现？"

施老师："中班的孩子从方到圆的这个过渡是非常困难的，而且能用相同的长方形角对角，围成了一个圆形更是挑战。"

晓蕾老师："但是你们有没有发现，他们在搭圆和垒高的过程中，都是一块一块往上对应地垒高,还停留在小班的建构经验上。"

杨老师:"我赞同晓蕾老师的看法。其实,对于中班孩子来说,要真正围圆是有难度的,因为要有错位垒高和压缝的经验。这批孩子目前看来,还没有达到。"

肖老师:"刚才杨老师提到错位垒高,你们有没有发现一个问题,其实像他们现在这样向上垒高的建构经验我是有预估的,再高一点就会倒下的。"

芝芝老师:"倒塌就是试错呀,2022 年新的《幼儿园保育教育质量评估指南》中也提到了要给孩子充分试错的机会,既然会倒塌,那我相信孩子后续的行为肯定会有所调整的。"

(三)破方式,攻弱点

在队伍发展的过程中,我们不断对教师专业发展提出一个个问题,促使教师能自主地对儿童观、课程观和教育观进行更新,对自身的教育行为进行反思和改进。我们从提升教师教学胜任力着手,成立"育苗工作室""成长工作室""绿树工作室",在常态的课程实施上着力,驱动每个教师的反思力和内生力。

1. 量身定制,纳人才

(1)职初教师——寻找触发点

问题:作为刚刚进入幼儿园岗位工作的新教师,他们的需要是什么? 难点困境是哪些? 职初教师的专业触发点到底是什么?

我们采取访谈＋问卷双向模式,挖掘教师专业成长的内在需求。问卷结果表明教师急需游戏的解读和专业成长分析。访谈则是对问卷的细化,我们设计了 10 个问题,从观察、识别、分享交流 3 个块面,获悉教师到底在哪个块面中存在专业瓶颈。

我们发现职初教师更善于观察儿童,了解儿童的行为成为教师们行动的支点。于是,我们以"游戏故事"为契机,为教师提供平台,用日常收集的视频素材进行分享。渐渐地,我们发现,职初教师的观察点更细微,他们关注的是个体儿童的追踪,儿童词汇的发展和儿童情感的需要。还有一位职初教师将和孩子的每一个游戏故事用绘画的方式记录下来,她的封面都是手绘的孩子的故事。有了舞台就有了故事,人人都能说故事成了职初教师建立专业自信的渠道,在过程中被倾听和认可,让我们看到更多好老师的显现。

(2) 经验教师——探寻突破口

问题:对于经验教师,他们又会遇到什么问题呢? 当有了一定的教学经验后,他们又该如何突破现状,获得动态发展呢?

我们为有需求的教师们建立了"小步递进群",为有发展需要的教师提供专业发展渠道,让每位教师都更明晰个人发展目标,获取大量的前沿教育信息,积极参与各类征文和投稿,从我想到我要,让每一位教师的需求都能被看得见。同时,挖掘人才成立课程联盟团队,形成十大项目组,以园所轮转制进行指导,每人对接一个班级,对班级活动和环节过渡细节进行"找茬"提优,提升活动实施的水平。每周进行持续跟踪,对上周诊断的问题再次进行回看,确保遗漏的问题能迎刃而解,也能保证联盟指导的效能,更体现了专业发展的内驱动力。以直击"个别化项目组"现场为例。

其一,指南解读——帮助教师了解幼儿年龄特点,掌握主题核心经验,使其能在同一水平线说话。其二,样板小屋——让经验教师先创设一个区角样板,易于教师看懂与操作(见图1)。其三,经验导读——通过拍摄视频,让旁白解释成为更直观的学习。

图 3-4-1　样板小屋

其四,经典集萃——将每次研讨创设后的区角拍摄下来,形成个别化学习活动成果集成为可供大家分享学习的经验,以此让老师们由原先的无从下手到得心应手。

(3) 骨干教师——创新思想性

问题:对于骨干教师,他们所需要的创新是什么?

面对瞬息万变的教育形式,其实思想才是发展的关键。想让每一位骨干教师变得有思考,树立自己的特色和品牌,那就一定要从问题出发,来促进问题的解决,积累研究问题、解决问题的经验,最终在解决问题的过程中促进专业化成长。在一次教研活动中,我们改变了骨干教师一人担当主持人的方式,让人人都可以抢麦,成为主持人,在教研过程中不断思辨,智慧交互,体现出专业自主。

以"数独"为例:

徐老师:"我发现在1分47秒的时候,小朋友把'3'放在了第一行的第三个格子里,补缺了右边的'宫'格,因为右边的宫格里只少了数字'3'。这说明小朋友懂得宫的概念。"

王老师:"大家看,这个小朋友正在观察竖排,她观察到少了数字'2',就直接找到数字'2'放进去,她这个行为就体现出了这个孩子的正向思维。"

施老师:"平面也有这些,何必去做立体?除了兴趣就没有其他的了呀?"

图 3-4-2 立体数独

主持人:"立体不可替代的作用是什么?"

霏霏老师:"我在设计的时候是有规律的,把'1''2''3''4'四个数字随机放在顶面和下面,孩子在玩的时候就会发现,如果拿到是'1',下面一定是'3'。"

薛老师:"这确实是平面数独没法做到的,而且平面数独在一堆数字中寻找答案很考孩子的眼力,立体的数独有本身的规律性。立体不错,可以留白两面。"

自然界有一种现象,当一株植物单独生长时,显得矮小,而与众多同类植物共同生长时,则是根深叶茂,生机勃勃。我们把这种相互影响、相互促进的现象称之为共生效应。我们的老师是有发展愿望的个体,所以通过众多教师共同的实践研讨,能够使大家相长共生,基于同一问题引发异质思维流动,从对立思辨中产生思维同构,在交互中探寻教研着陆点。

2. 项目联动,重成效

在区域项目组联动下,我们充分发挥骨干辐射力量,进行项目领航研究和辐射指导,成立了"十大项目",基于市、区级课题研究,立足园本实践,不断吸纳与融合,优化课程建设。我们一直在思考:如何复制已有经验? 如何凝练课程意识? 我们有四个注重,即"注重充分放手、注重给予机会、注重赋权赋能、注重分享支持",充分赋权教师,比如让教师自主申报项目组,招募项目组成员,打破项目组年龄段限制,可跨年级共研,多方位听取声音,让全体教师从"我要研究"到"我想研究",从谈已有经验到寻科学依据。

以"托幼一体项目组"为例:

对于托幼项目组,我们融合了特教教师、3—6岁幼儿教师、医生和家长资源。在对幼儿差异化行为表现的观察上,不同层面的教师有着不同的想法:

3—6岁幼儿教师:"我觉得视频中的幼儿只是语言发展比较迟缓,教养者不需要太着急,不要急于强化和干预,而是随着幼儿的发展去支持。"

0—3岁幼儿教师:"《0—3岁幼儿教养指南》指出'0—3岁的幼儿能简单说出三个词汇。'而视频中这位宝宝只能说一个单词,其实是在语言上要去关注的。"

不同阶段的教师在对幼儿的发展上有着不同的想法,结合了特教和医生资源,又加强了科学性的佐证,让教师在自主探讨中明白,发现不等同于贴标签,而是加强过程性支持,关注差异,做一位敏感的教师。

从个体优势走向整体优质的全员行动,将共同愿景变成了共同行动,让每一个教师都有机会,都会做课程,每一个幼儿都得益,实现了教师水平的基本均衡,而不是领头羊。

事实证明我们的做法是有效的。青苹果在创建优质幼儿园和创办上海市示范性幼儿园几轮验收中,队伍的优质均衡都得到了所有专家的认可。2020年,"以学习故事为载体提升青年教师个别化学习活动观察能力的实践研究"获"上海市中小学(幼儿园)青年教师(2—5年)实践研究项目"结项"良好",先后有7名教师获得市、区教师教学评比一、二等奖。

第四章

站在青品看未来

在关注幼儿园高质量发展的今天，作为园长应思考不断，常思常新。坐在窗前，我停笔看向窗外操场上的孩子们和老师们，我不禁开始思考，在未来我要带领他们走向何方？我所期待的青苹果又是怎样的呢？一路走来，我越来越觉得高质量是创造课程与教育的优质空间，是承载一日生活的立体架构，是唤醒幼儿与教师双主体成长自觉的师幼共建。那么今后呢？如何找到教师持续不断的"增长点"？如何激活课程持续不断的"生产力"？如何让管理更加"精细化"？如何放大幼儿与教师的"人本值"？站在青品看未来，我希望能提高管理效能，让青苹果始终焕发源源不断的生命活力。

第一节　寻找"增长点"

不可否认的是,教师是提升课程质量的关键。面对教育形势的迅速发展,我们必须对教育和"人"重新思考与定位。如何发现和寻找教师的增长点,或许在一次次了解需要,一次次自我对话,一次次直面问题中,不断向内寻找,才能向上生长。当回溯教师成长这个话题时,我想我们也要不断思考:如何让经历变成经验? 如何让教师从经验型走向研究型?

我想,关键在于教师在每一次经历后的专业反思。

 在闭环反思中研究自己

反思是研究自己的重要途径。当我们选择了一种以"反思"为核心的专业生活,也就选择了前进的人生状态。对于反思这件事,我们的教师都在做,也在日常生活中这样践行着。

焦焦老师的教学活动"纸山",经历了 N 次试教 N 次反思,她敢于打破原有的问题设计,在一次次反思中以每一个幼儿的回应来生成问题。在教研活动现场,同一个现场不同的解读视角,组员们在与同伴的研讨和多视角中反思自己的思维路径,拓宽思考空间。

（一）一次内心审视 or N次改进重构

伴随着一次次的自我"反思"，我们仍在不断思考着：反思真正的价值是什么？反思到底是一次内心的独白还是行动后的观念重构？是瞬间的还是持续的？

我们认为，反思不是瞬间的，而是心灵触动引发的一次内心对话，它是持续的，形成反思—实践—判断—验证—内化—反思的闭环过程。除此之外，我们还要不断思考：我的每一次改进与思考是否吻合？这样的改变有价值吗？对自己的观念发生革新了吗？我想，我们有时需要做的是打破感性认识，增强理性思考。

那么如何从零散思维走向系统思维呢？让我想起了这样一个案例。

还记得佘老师的"与自己的N次对话"，在每一次的生成性游戏分享活动结束后，她都会回看每一帧视频，记录每一句师幼互动，6个月写了32篇反思稿。让我触动的是她告诉我，原来通过反思复盘竟然提了20个问题，在一次次反思中她不断改变着……

当她将第一次和现在的提问数据对比后发现：孩子的主动发问变多了。那孩子这一行为变化后的"因"是什么？她发现，原来是因为教师退后了，因为欣赏幼儿的想法而变得更淡定了，会从幼儿喜欢的方式、感兴趣的问题入手。

佘老师在闭环反思过程中，始终在思考着一种"关系"，即教师与孩子的关系，片段与孩子发展之间的关系，在关系中一次次建构，在经验中一次次思辨，在思辨中一次次联结。

（二）一次自我反思 or N个外部协同

当然，对于反思，我们发现教师有这样两种不同的样态。样态一是部分教师会反思且更多的是独立反思，自我跟进。样态二是借助同伴和专家之力来共同反思。

我们不能否认两种样态的有效性，认为既可由教师自己反思，也可借助同行或专家的评价推进自己反思，即1+N。

"1"自我反思。要认可自我反思的重要性,因为除了教师自己,没有人能改变教师的思维,要使自己的思维永远处于不断反思和自我挑战的过程中。

在一次游戏故事展示后,每一位教师都表达了对自己这次经历的感想和反思。李老师说:"我学会用多种视角看儿童,以儿童视角去认同和支持。"宋老师说:"我关注到了孩子们的言语和流露的情感,用全新的视角去感知、欣赏每一个幼儿。"施老师说:"讲故事是对专业的一种凝练和验证,我们都是儿童游戏故事中的读者。"唐老师说:"我与孩子们建立起了一种情感的联结,思想的联结,成长的联结,让我变得更加温柔而坚定。"

"N"团队协同反思。教师反思最理想的方式是在同行或专家建议中,逐步成为独立的反思型教学者和反思型思维者。当不同的价值主张,不同的思维方式,在一次次的交流、碰撞、对立、融合中,教师对教育的理解,对专业的热情将再次点燃。

在人人都说游戏故事的过程中,我们会发现:每一位教师的视角和闪光点都是不同的。年轻的蕾蕾老师虽然不擅长表达,但是她的手机中拍摄了大量孩子的游戏素材的视频,很善于观察儿童与众不同的行为;璐璐老师善于画故事,她的故事积累不仅有视频,还将每一个精彩的故事手绘下来;骨干教师更多的是善于表达,特别能关注幼儿能力和细节。

在这个小故事中,我们发现每一个教师发展的时速和需求都是不同的。虽然我们一直在说"每一个",但再次审视时,是不是对教师还是会有倾斜,给我们认为的好老师更多机会。那么怎么真正关注每一个老师,焕发老师的热情呢? 那就是在团队协同中助力每一个人,看见每一个人,让每一个教师成就专业自信。

我们通过团队指导,线上线下把脉,借助团队之力,根据不同教师需求搭建专业发展阶梯。首先,让教师先能写出一个好故事,其次说出一个好故事,最后再演出一个好故事,一次次不断进阶,在讨论中点燃专业热情。

当教师慢慢登上发展的阶梯,踏实走稳时,我们渐渐发现这样一个合力反思的过程真的在不断点燃教师的专业热情,最终让专业自信引领了个人反思。

 ## 二 在自主赋权中打破舒适圈

美国著名教育家玛克辛格林说过:"使我们保持原状的惯性,是阻碍我们成长的因素。"当我们走出舒适的"经验圈",以开放的思维开展自己与世界的对话,以敬畏的心态面对教育和观念的变化,在学习中生长,在生长中"破圈",才能真正转化为向内寻求的自我迭代。

当每一位教师都建立了专业自信和热情,都想要成才时,我们如何为每一位教师的发展需要建立支持系统。

(一) 看见教师的需求

我们要关注到每一位教师真正所需要的专业需求,并知道这些需求是如何产生的。

1. 在调研中了解需要

(1) 以"调研"为导向

真正去了解老师到底需要什么,我们常以问卷法、访谈法两手抓,探寻教师真困惑,了解教师真需求。在一次调研中,我们通过问卷数据发现了教师对于游戏解读和分析专业成长的急需性。访谈则是对问卷的细化,我们设计了 10 个问题,从观察、识别、分享交流 3 个块面,一对一倾听教师到底在哪个块面中存在专业瓶颈。

(2) 以"反思"为触点

当了解教师需求后,思考可以给教师带来的改变是什么? 我们更注重实效,关注教师在获得专业路径后的反思与迁移。通过故事解读—问题汇总—培训反思—持续跟进的循环模式,让教师对照标准不断实践复盘再实践,将所学知识快速迁移到自身行为中,激活了学习动机。

2. 提供表达需求的空间

我们需要充分拓宽教师的表达空间,不断赋权教师,让教师在自主平等的氛围中想说、敢说。赋权教师,让教师事事成为"主角",在关于一次对于教研活动组织方式上的讨论中,有了这样一些对话。

陈老师说:"我觉得我们可以开展随机教研,在游戏现场观察教师的分享,带着实证进行研讨,比观摩视频再研讨更有时效性。"高老师提出:"我们的教研也可以有一次根据需要自定主题,如分享一周让你最感动的教育瞬间或者孩子的一句妙语连珠,这样能够传递更多的专业方式。"

我们看到每一个教师的需求不同,要满足每一个教师,就要不断设计对每一个教师的支持系统,在多样性中慢慢走向提高,让教师在价值体系中的觉醒。

3. 相信"相信"的力量

在幼儿园中,还有这样一部分教师,他们毕业于知名院校,有着更高的学历和更专业的理论知识。面对这样的"高学历"教师,我们要知人善任,在自主赋权中相信他们的成长。

南京师范大学学前教育专业的刘老师来到青苹果时,我问了她这样一句话:"你想成为怎样的老师?"她的眼里有初出茅庐的青涩,但不掩对教育理想的追求,"我想做一名优秀的老师。"她如是回答。于是,在第一年的工作中,刘老师就充分发挥了她的科研特长,在上海市调查研究征文中获得二等奖,这也让我们看到了她的无限可能。仅仅在工作的第四年,她就担任了科研部长一职,如今更是带领着一批"高学历"教师深耕在教育的土壤上。

教师的成长不仅要自主赋权,有时"相信"也会迸发出巨大的能量,让教师能够发挥自己的特长,找到自己的生长点。

（二）我们期待的行动

当教师明确了自身价值,我想每一位教师将来会不断改变思维,拆掉自己的"墙"。因为教师专业化发展更多是"自造"的,而不是"被造"的,是自我实现、自我成长的历程,当然在形式上也要逐一打破。

1. 破划分,拓发展空间

如果要让教师真正能走出舒适圈,那么在教师梯队上就既要有划分又要跳出划分。以往我们会按照教龄来划分教师的层级,如 1—3 年职初教师,5—10 年经验教师,10 年以上骨干教师。随着《幼儿园保育教育评估指南》的出台,里面以年龄阶段来区分,改变了以小班、中班、大班的年级分布。

这份文件给我们带来的思考是:职初教师中就没有骨干教师吗? 原来的划分会不会给有更快发展的老师一种隐性的暗示,给经验教师一种标签? 这样的划分是否合理,是否给渴望发展的好老师造成局限。我们需要不断打破固有的思维。

（1）破分层,去标签

将来我们可能会有支持系统,没有明确的划分,更多是专业能力的发展。比如项目赋分制,教师依据每个项目的实际表现赋予 1 - 3 - 5 的专业水平值,如 1 分值为能参加一次项目研究并积极发表建议;3 分值为能主持一次项目组活动,并积累项目案例体现研究成效;5 分值为能阶段汇报研究成效,提出问题,下阶段如何跟进。以项目推进教师发展,让每个教师都有优势项目,比如有的教师是案例的骨干,有的是教学的骨干,人人都可以是"项目的骨干"。不再给教师贴标签,而是给了很多老师更多突破自己的空间。

（2）破框架,去经验

在一次次审视自己和教师队伍的过程中,我们要不断认清教师当前存在的问题。我们时常也会发现当教师在没有课程框架的情况下,新教师会更加会寻求以儿童为本,真正站位于儿童的视角,思孩子所思,想孩子所想,但是他们所或缺的就是寻求依据,厘清课程与孩子的关系。而我们的经验教师会在经验中做文章,时常以经验说话,会更多站位于儿童的发展,心中的目标,有时却弱化对儿童的思考。

所以,未来我们要不断突破个体局限,以节点去链接,打破壁垒去整合,寻求更为丰富的资源支撑,以一种相对柔软的方式去思考课程与孩子的关系。

2. 重赋权,扩发展路径

青苹果一直都在做"自主教育",但没有老师的自主就没有孩子的自主,要培养自主的孩子,必然有一批自主的教师。我们一直在给我们的教师赋权、赋责、赋能,当教师真正走进其中,就会产生内驱动力。在一次自由活动中,我们看到了教师被赋权后的"精彩"。

一条小走廊成为孩子们自由活动的空间,但是婷婷老师在走廊上的信箱投放让这个空间成了"友谊的空间"。三个班的孩子互相写信,准点送信。在这个过程中,我们看到的是幼儿间的友好,看见的是孩子的自主,背后折射的是教师的自主。

同时我们又在思考着:每一个活动是重改变后的结果还是通过事件看未来。教研组通过寻求真问题,解析真故事,的确是打破了原有的教研思路,让自己的专业获得进阶,但是却很少追问自己:为什么要解决? 解决到什么程度? 解决好了这个问题,对于幼儿、对自己、对社会有什么价值? 思考事件本身的价值体系至关重要。

三 在专业期待中坚定育人价值

在党的二十大报告中明确提出:以"立德树人"为根本任务,争做新时代四有好教师,呼唤高质量的好老师,这三个观点让我们更加明确要培养什么样的教师。基于国家意志,我们要让教师更明确对育人目标与育人价值的把握,在日常生活中不断进行师德的渗透,激发教师的专业热情,要始终将研究儿童作为自己的终身职业。每一位老师都是儿童研究者,每一个班级都是儿童研究院,对儿童的研究应该是我们的第一事业,也是终身事业。

那么,我们不禁要思考,如何让每一位教师明确价值导向,将研究儿童作为一件幸福的事。一次组长与组员的分享让我们找到了答案。

"我发现孩子特别了不起,今天拍到了一张照片,孩子用一个空心管子套在一根线外。当我去问孩子这是什么时,他的答案让我非常惊喜。他说这是电线保护罩,因为班级里的电线都看不到,都是一个方方的盒子罩在外面。"静静老师说道:"瞧,当我们真的用心观察了,再去一对一倾听孩子的想法,我们就能离孩子越近。"办公室每日的分享成为教师们最期待的时刻,大家都会在这个氛围中交流故事的后续,也从同伴的分享中受到了启发。

教师们将持续的观察记录成一个个游戏故事,我们从故事不同的切入点看到教师对研究儿童的执着,看见教师爱孩子的初心,师德并非一次简单的考核与评价,而是提倡融合,讲故事也是教师师德体现的一种方式。

三年教龄的王老师如果要开展一节优质的教学展示,或许需要更多的时间去不断打磨,但是一个游戏故事能让她散发专业的自信。

两年教龄的沈老师在教学过程中积累了三年的案例,大量的素材体现了她对儿童的敬畏和热爱。

一年教龄的高老师,她的游戏故事"500辣你能接受吗?",让我们看到她对小班幼儿语言爆发期的关注,她会捕捉幼儿有意思的语汇,把它当成一种研究的乐趣。

在当前"幼儿发展优先"理念和"新时代四有教师"的国家意志下,更需要教师以德为先,要善于观察幼儿。在青苹果,我们一直倡导生活处处是舞台,鼓励教师们相互传递故事,发现教师们在讲故事中充满自信。一个个鲜活的教师成长案例,让他们在研究儿童中看见自己,让每个老师都有成长的可能,也让师德处处渗透其中。

教师的发展,要向内寻找,重拾曾经的理想与初心,与时代相伴同行;要向外突破,发掘自身价值。循此之路,我相信每一位教师都会行进在"再生长"的路上。

第二节　激活"生产力"

目前,我们在青品课程中已经积累了大量的课程资源,而且随着课程的迭代,资源也在不断的叠加。但我们始终认为课程资源不应该仅仅是菜单式地罗列和呈现,而是要根据当下课程理念、幼儿经历,形成闭环使用,才能让课程资源的价值发挥到最大,让我们的课程激活"生产力"。

 潜心挖掘,善用资源

（一）在普惠发展中,融汇饱有温度的教育资源

1. 普惠发展之托幼一体,输出爱的教育

为回应学前教育普惠多元、幼有善育的要求,以及在"托幼一体化"思想的引领下,青苹果于 2022 年 9 月开设托班。随着托班宝宝在幼儿园里的出现,常常会出现这样的情景——来园时,当小主人的中大班哥哥姐姐拉着哭泣的托班弟弟妹妹进入托班教室;游戏时,中大班的哥哥姐姐带着托班的弟弟妹妹一起游戏;运动时,中大班的哥哥姐姐的三轮车后座上总是有一个小不点。"大手拉小手"的活动越来越多。

托班宝宝的教室门口有一个高高的小山坡,每次哥哥姐姐在游戏时,托班的弟弟妹妹就会在教室门口观看,有时还会情不自禁走过去驻足观看。哥哥姐姐看出了弟弟

妹妹们的愿望,跟老师提出是否可以带着弟弟妹妹一起玩。有了哥哥姐姐的支持,弟弟妹妹成功来到小山坡上一同游戏。每次弟弟妹妹一来,哥哥姐姐总会让出一大片草地让他们玩。托班宝宝在草地上放了一块野餐垫,躺着享受阳光浴。当托班宝宝遇到困难时,哥哥姐姐也会第一时间帮他们解决,比如滑草盆太大会帮他们搬运,在玩滑草时会推着弟弟妹妹滑下去,也会时刻关注着弟弟妹妹的安全。

可以看出,托班的到来,让青品课程多了一份有温度的教育资源——爱的教育。未来,随着托幼一体化的持续推进,青苹果人一定会用自己的方法来继续呵护和关爱幼儿园里这群"最柔软的群体"。

2. 普惠发展之普特相融,输出融合教育

为了响应宝山区特教设点布局工作,我园于 2018 年开设特教混龄班,招收符合条件的 3—7 岁的特殊幼儿。根据特殊幼儿医学和教学评估情况,为其制定适宜的 IPE 计划,开展融合活动。在幼儿园我们会看到这样的情景——游戏时,特教教师带着特殊儿童来到玩水区,和普通幼儿一同游戏;运动时,特教教师带着特殊儿童来到融合班级与普通幼儿一同滚轮胎;学习时,特殊儿童来到融合班级一同参与集体活动;雨天时,普通班教师带着孩子来到特教班的感统活动区域一同运动。随着普特幼儿在一起融合共生的活动开展,特教儿童享受到了爱与尊重和优质平等的教育,普通幼儿获得了尊重差异、关爱他人的教育。

随着普特融合活动的常态开展,特殊幼儿诺诺的融合班级中二班的孩子总结了诺诺的一些特点:口水有点多,需要经常擦拭,身上还总是别着一块手帕;喜欢有声音的活动;走路需要有人搀扶着。于是,孩子们在诺诺回到自己班级后,对自己的教室进行了改造。在诺诺喜欢玩的音乐区域增加了护理框,里面放了纸巾,护理框上还为诺诺设计了专用的标志,孩子们认为这样大家就知道这是诺诺的专属护理框。另外,孩子们把音乐角迁移到了离门口近一点地方,可以让诺诺少走几步。这些调整可以看出,普通班孩子对诺诺的关爱和呵护。正是有了普特相融的课程资源,才能让孩子们在亲

身经历中获得这些难能可贵的经验。

可以看出,正因为有了这些特殊儿童的存在,青品课程里又多了一份有温度的教育资源——融合教育。随着融合教育的开展,这份资源的优势已经浮出水面,未来一定会让我们的孩子们获得更多的经历。

(二) 在践行课程中,产出链接自主的教育资源。

青品课程不断践行的过程也是课程不断迭代的过程,在课程的实施过程中不断会衍生出一些特色活动,比如"小 Q 博物馆""小 Q 看现场""小 Q 议事会"等特色活动。那么究竟是怎样的推动力让课程朝着这些方向在走呢? 我们认为每个特色活动的开展都是对自主的再认识,是对自主教育更进一步的诠释,换句话说这些活动是自主教育的内延与外扩,只有不断践行青品课程才能更好地诠释自主教育。目前我们的课程已经链接到"无界""红色"的博物馆和基于自主理念下的"劳动教育"。我们期待课程还能链接到世界,能走出上海,走向全国,甚至更远,能产品化。我们更期待课程能链接到未来,为孩子们创造更美好的人生。

1. 链接到"无界""红色"的博物馆

在践行"小 Q 博物馆"时,一批大班的孩子凭借自己已有的经验,想把博物馆布置成国旗馆,他们成为第一批将博物馆链接到红色的孩子们。另一批孩子觉得三楼的走廊有些小,满足不了他们布置的热情,于是在楼梯的转角和走廊的留白处都尝试用来布置,他们成为第一批将博物馆链接到无界的孩子们。

慢慢地,无界红色博物馆成了现在的样子,主要聚焦红色革命主题,强调师幼共建。在无界红色博物馆活动中,为幼儿提供有利于观察、探究、学习的,具有博物馆价值的实物场所,并通过师幼共建,在选题、选址、策展、布展、参展系列过程中充分发挥幼儿自主性。我们认为无界红色博物馆更是一块试验田,不以掌握活动技能和知识为目的,幼儿可以在活动中试错获得经验,主动探究和发现,确保幼儿自主能力的培养。

同时这还应该成为我们课程的常态,不仅是红色文化的输入,更要有幼儿自己的输出。所以说无界红色博物馆是自主教育课程的内延与外扩。可见,博物馆的践行成为一种链接到自主教育的教育资源,目前链接到了"无界""红色",未来可能会链接到其他内容,但一定是与自主教育相关。

2. 链接到基于自主理念下的"劳动教育"

以《中共中央国务院关于全面加强新时代大中小劳动教育的意见》《大中小学劳动教育指导纲要(试行)》《上海市教育委员会关于进一步加强上海市大中小学、幼儿园劳动教育的意见》三份政策文件为依据,我园积极开展劳动教育。

带着以自主理念践行的劳动教育,逐步形成了具有我园特色的"小当家 & 童盟会"劳动教育特色活动。它是凸显服务性劳动的劳动教育,分成两个部分。幼儿个体通过"小当家"形式为学校、班级、家庭服务;幼儿小组通过"童盟会"形式为学校、社区服务,遵循以幼儿发展为本的活动理念,让幼儿体验劳动的乐趣和为他人服务的快乐感。

在这么多年践行青品课程过程中,我们已经把自主的理念时刻牢记在心中。劳动教育在我园的开展,会链接到基于自主理念下的"劳动教育",未来一些项目的开展,一定也会链接到自主教育。只有不断践行青品课程才会连绵不断产出更多链接到自己的教育资源,而这些资源也是为更好地诠释自主教育而服务。

 二 空间再造,整合资源

(一) 园内空间可用,活动可容

待突破点之一:在践行"户外 2 小时活动"后,我们发现诸多室内的活动室使用率大大降低,尤其是室内的游戏室,那么如何将这些空间加以改造和协同利用,是未来可以突破的地方。

1. 留白"功能",一室多用

"留白"是能解决室内活动室的使用频率低的途径之一,我们可以尝试加强"留白"的想法,将一些活动室留白。这里说留白不仅仅将活动室简单地清空留白,更是强调不去定义活动室的功能,也就是不去命名活动室的名称。这样可以把如何使用空间的想象留给孩子,我们可以想象一下孩子会怎么使用这个空间。比如雨天可做室内运动室;可尝试与博物馆结合,自选空间进行布置;离班级近的幼儿,在确保安全的前提下,选做自由活动的场地等。让室内活动室不再空置,把空间还给孩子。通过实践,我们相信不同的孩子对这份空间的利用有不同的想法,活动室的功能也就更丰富了。一旦活动室的多功能性增强了,它的使用率也就随之加强了。这样的尝试使我们能感受到未来活动室的使用是贯穿整个一日活动,空间利用更"广"更"全",真正做到为课程、为幼儿服务。

2. 贯通空间,功能合并

除了"留白",我们认为将相邻的活动室进行贯通,不再局限活动室固有的内容,也可以达到增强利用率的作用。欧泊园的博物馆和图书室都在一楼,之前我们观察到孩子们在策展、布展的过程中,会遇到各种各样的问题,当他们想通过查阅书籍来解决问题时,不太会想到近在咫尺的图书室,而是选择回到教室。问其原因,有的孩子说图书馆里没有我需要的书,有的孩子说教室里比较熟悉。一墙之隔让两个活动室成为两个独立的空间,不仅隔开了空间,也降低了利用率。那是否可以尝试将图书室与博物馆进行贯通,让孩子们可以随意走进图书室,查阅书籍。甚至也可以利用图书室的空间进行布展,将图书室也作为布展的空间。室为其所,空间可用,让每个空间幼儿都能走得进。

(二) 园外空间可达,资源可用

待突破点之二:园内户外空间小,如何在确保安全的情况下去利用幼儿园就近的社区资源,给予幼儿更多的活动空间?

1. 用足没有门槛的资源

中环园的大门一打开就是一条长长的步道,右侧还有小山坡,天然的小山坡和步道足以给户外活动增添了一大块场地。当户外空间不够时,借用这些没有门槛的社区资源,给予幼儿活动的空间环境,让每个空间孩子都能走得进,每个场域都是孩子的乐园成为现实。

2. 联通所有可用的资源

欧泊园西操场的右侧是一片社区公用的草地,目前一堵围墙隔断了两个空间,是否有一种可能围墙上有一扇门,让这两个空间有所联通,在确保安全的前提下,孩子们可以来到这片天然的草地上活动,呼吸着新鲜的空气,沐浴在阳光下,享受着大自然带来的快乐。联通所有资源,不仅扩展了活动空间,还打破了传统幼儿园封闭的环境,加强了幼儿与社区的联系,逐步形成社区资源与学校资源相辅相成的和谐关系。

 三　管理资源,闭环使用

青苹果十多年来深耕自主教育,教师们已经把自主的理念牢记于心,但并不是所有家长都能同样秉持这样的理念去培养指导自己孩子。因此如何让我们的家长也像老师一样地去指导自己的孩子,真正做到家园自合一体,将"人"的资源更好地利用起来,是我们需要思考的问题。同时,我们发现周边的区域资源、本土资源很多,也会将其进行罗列形成资源清单。但如何将这些"物"的资源用好从而更好地为课程服务,以及如何管理好这些资源呢? 是我们目前所亟须解决的问题。

(一)整合"人"的资源,产生 1+1> 2 之效果

1. 宣传理念,用活动来说话

利用家长会、家访、日常沟通等方式,多多向家长渗透自主教育的内涵和意义,让

家长走近、理解、接受自主教育。青品课程中的"小潮童拓展营""小当家童盟会""小达人体验站"等特色活动，家长都能参与，孩子们在活动实施过程中自主策划、自主讨论、自主筹备、自主协商的每一个过程都能让家长看到，一次次的活动让家长走进自主教育，参与自主教育，感同身受，慢慢做到理念内化，一改以往的包办代替，我们相信有了理念的支持，家长的行动一定会跟上。

2. 走进家庭，用项目来说话

我园的家教工作一直以来秉着家园自合一体的理念，因此也出台了些有效的举措，比如家长走进区角、家园共同制定自合一体计划书等。尤其是走进区角活动，教师会和家长一对一建立指导群，指导家长在家中如何开展区角，比如家长与幼儿商量讨论确立研究项目的主题（疫情期间制作防护服），幼儿根据主题来制定计划书并实施。在这个过程中，教师可以指导家长让幼儿自己来选材料，自己动手制作，鼓励幼儿把过程中遇到的问题记录下来，和家长一同商讨如何解决。教师通过一对一指导群指导家长尽量做一个记录者、陪伴者、倾听者。整个过程下来，孩子获得成就感，在教师的一步一指导下家长也获得如何指导幼儿的方法，逐步走向家园自合一体。

（二）整合"物"的资源，对接互动开放的多元资源。

1. 对接研究项目，及时补充

资源就像宝藏，除了一些浮在面上显而易见的，大部分高价值的资源都需要我们有心挖掘、潜心开发才能发挥最大价值。比如在开展红色博物馆的过程中，我们发现课程实施方案的社区资源里没有红色资源的呈现，于是及时补充了资源清单，罗列了许多本土的红色资源，如大场镇的红色线路、淞沪抗战纪念馆、四行仓库等，供教师开展实践活动时能及时参考和使用。

2. 公开资源清单，共同使用

我们不仅在课程实施方案的附件中对清单进行罗列，让教师在日常教学活动中可以拿出来参考,还把这些清单发放给家长,让家长利用双休日自选资源清单的内容组织亲子家庭活动、亲子家庭小组活动,在生活和活动中积累经验。资源不仅仅给教师使用,还要让家长也可以用。

(三)形成支持系统,激活课程"生产力"

1. 确立青品的课程资源观

随着青品课程的不断迭代,我们逐步确立了自主理念下的课程资源观,那就是"以儿童为主,利用儿童身边各类真实、鲜活的资源,通过放手赋权,让幼儿在与资源的多元互动汇总,自主建构经验,获得发展,为成为四自儿童奠定基础"。

2. 建立层级管理体系

我们尝试建立"园长—执行园长—年级组长—班级教师"的层级管理体系,统筹管理,明确分工,进行课程资源的发掘、收集、优化和具体管理,建立一定的科学机制来管理幼儿园现有的课程资源。

3. 教研跟进整合资源

首先,勘查盘点园内资源,汇总可利用的资源,以年级组为单位,对接课程指南、评估指南可能会发展幼儿的经验情况,并提出相应的教育建议。其次,勘察盘点园外资源,建立一公里资源中心,可以不借助交通工具就能带着孩子们去参观体验。最后,梳理归纳资源,形成自然资源、社会资源、人力资源等,让资源分类更清晰、完整。

我们认为资源只有与儿童产生联系,才能成为真正的课程资源。那么如何让儿童用到这些资源?可以通过各类活动推进,在他们的亲身体验中获得多样的直接经验。课程资源不再仅仅被当成清单陈列,而是随着幼儿对课程资源的不断探寻,动态生成儿童新的需求,以此激发课程不断生长。

第三节 赋能"精细化"

精细化是一种意识、一种观念、一种认真的态度、一种精益求精的文化。"天下难事必成于易,天下大事必作于细。"幼儿园工作既是难事,更是大事,所以对"精细化"的关注很重要,而且党的二十大报告强调,教育、科技、人才是全面建设社会主义现代化国家的基础性、战略性支撑,要加快义务教育优质均衡发展和城乡一体化,优化区域教育资源配置,强化学前教育、特殊教育普惠发展,要办人民满意的教育。这一要求的提出更需从"细"上下功夫,因为只有遵循事无巨细、章法可依的原则,积极实施精细化管理,才能帮助教师走上专业成长之路,促进幼儿园工作的全面提升,办好人民满意的教育。那么,作为一所市级示范幼儿园,结合幼儿园的办园特色,如何赋予每个教师足够的空间,赋能精细化,促进幼儿园的高质量发展? 我们也在不断地思考。

 管理:以"精"提智能化监管质量

幼儿园的管理就是事无巨细,从幼儿到教师,从业务到资产,从家长到社区等,处处有管理,事事见管理。

◆ 教工做了,我们管到位了吗?

很多时候,我们经常会说老师们都在根据要求做了,但是我们要反问一下自己,做了就等于做到位了吗？我们的监管到位了吗？例如在开展户外自主游戏时,要求班级教师为每个幼儿建立游戏小档案,每个幼儿是否都建立了？拍摄的游戏内容是否有质量？人均数量是否均衡？又如保育员的每日消毒是否规范,消毒液的配比是否标准？教师上报的维修项目是否落实？在幼儿园只有少数管理者的情况下,似乎每一项工作、每一个细节,都不能做到全面地管到位。

◆ 数据测了,分析调整跟进了吗？

幼儿园每学期无论是教师的班级管理方面,还是保健老师的幼儿健康管理方面都会统计出很多的数据,例如各班幼儿的幼儿各类发展指标的数据,保健老师检查幼儿视力的数据,幼儿身高体重的检查数据,幼儿营养分析的数据等。但是往往由于保健人员的缺乏,教师精力的有限等各种因素,即使数据全部汇总好了,教师也会因为各类琐事而力不从心,来不及完全分析数据,从而导致数据测了,但并未完全发挥其作用,教师的教育行为未及时调整跟进。

◆ 仓库管了,进出对应上了吗？

幼儿园的仓库是常态化工作顺利开展的物资保障,但由于仓库中材料的品种繁多,领用人员复杂,领用次数多,物品进库渠道多等,使得仓库的管理一旦记录不及时,盘点不清晰的话,就会出现账物不符,物品补给不及时导致缺乏,影响正常的工作开展等问题。

以上种种的思考,是基于在我园管理中发现的一部分,每个幼儿园也会因为园情的不同而产生不同的问题。随着信息技术的飞速发展与数字化时代的到来,在幼儿园的管理上,我们可以充分地利用各种信息技术、数字媒介等高科技,精确地开展每一项工作的检查分析,从而提高智能化监管质量。

（一）让监管"看得见"

监管就是监督管理,"看得见"则增加了管理的透明度和可信度,让每个教职工都清晰地知道自己的每项工作、每个细节都是被关注的,随时都会有评价和反馈,有信息可查询,监管可视化,同时也增强教职工的责任感和认同感。那如何让监管"看得见"?

首先,电脑连通,将幼儿园所有电脑连成一个系统。行政部门的电脑设置为总机,其余地方的电脑均为子机,并且每台电脑编号成册,方便调控观察。管理者可以根据需要通过总机打开子机中的相关信息进行查阅。

其次,软件支持,形成一套幼儿园管理软件并安装于每台电脑上。管理者检查过的各项工作、各个细节可以通过软件系统,根据反馈对象的不同,以照片、视频、数据、文档等不同形式进行情况反馈。如果是幼儿园整体检查情况的反馈,在所有教师的电脑上都能看到;如果是针对个别班级或条线组长工作情况的检查反馈,则可以单线沟通。同时被检查者也可以在调整跟进后通过系统及时地报告情况,达到双向互通并且提高了工作效率。

针对教师需在班级电脑中为每个幼儿建立游戏小档案,并不间断地将幼儿的游戏视频或照片上传进去,保证每月每位幼儿的视频数或照片数基本均等,视频质量较好,拍摄内容具有一定的价值等情况,管理者就可以通过行政部的电脑总机进行抽查,如发现问题便及时可反馈给教师,提出调整建议,督促落实。

仓库的管理,通过管理软件可以做到物品进出账目清晰,保证每一种材料进出的时间、数量、进货渠道、存放位置等能及时记录,这样就可以做到对材料质量、数量、库存量等的一目了然,智能化管理,既方便又快捷。

幼儿园资产种类琳琅满目,还有教室中的各种设施设备亦是不计其数,在使用过程中经常会有损坏或者需要维修的情况发生,但是总务却只有一人,根本顾不过来,往往会修了这个忘了那个。但有了这个管理软件后,教师可以直接在电脑上申请维修项目,总务发现后及时报修。当维修人员修理好之后,教师在电脑上点击维修已完成,或者连续几天仍未修理,就可点击催促维修。这样总务只要通过电脑,就能完成整个幼儿园维修工作的监管和落实。

(二) 让数据"会说话"

美国哈佛大学教授格林先生曾说："数据本身并不等于知识，更不是智慧，只有经过正确分析之后，数据的意义才能凸显。"所以，数据只有通过加工处理后才能转化为信息、升级为知识、升华为智慧。因此，我们就要让数据"会说话"，从而帮助我们去了解幼儿的发展情况，跟进我们的教育保育策略，为幼儿健康全面的发展提供信息保障。

为每位幼儿佩戴一块运动手环，并在电脑上配置软件系统，可以随时调取数据，监测每位幼儿在园一日生活的情况，数据中包括幼儿的运动量、午睡情况等。当教师发现某个幼儿的运动量较少时，就可以通过询问了解幼儿情况。如果是因为身体不适而导致运动量少，便可及时与家长电话沟通，并及时让家长接回休息或送至观察室观察等。如不是因为身体原因，那么教师可通过多名幼儿数据的监测，发现是否与运动区投放材料的运动强度有关，第二天可以适当地增加运动强度大的材料，从而保证班级幼儿整体运动量的达标等。

我们还可以通过数据分析来发现班级幼儿各个领域发展的情况：

图 4 - 3 - 1

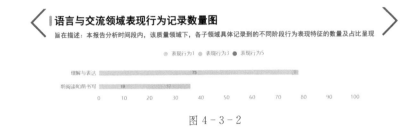

语言与交流领域表现行为记录数量图

旨在描述：本报告分析时间段内，该质量领域下，各子领域具体记录到的不同阶段行为表现特征的数量及占比呈现

● 表现行为1 ● 表现行为3 ● 表现行为5

图 4 - 3 - 2

从图4-3-1可以看到该班幼儿语言与交流发展情况每月较有起伏,其中9月发展较明显。此外,在"理解与表达""前阅读和前书写"两个子领域的观察中,教师显然更关注前者。因此,教师可以根据数据的分析情况,增加对幼儿前阅读和前书写的关注,同时加强对幼儿语言交流发展均衡的培养。

在幼儿园大门处安装一台智能打卡机,每次幼儿入园打卡时就能将其基本信息,如姓名、所在班级、体温等传输到班级电脑及保健室电脑上。从进门开始,教师就能通过数据的传达知晓班级哪些幼儿已入园、哪些幼儿未入园。同时在班级电脑的系统中还有一端是与家长连通的,家长可以及时上传幼儿不来园的原因及情况,让教师能在第一时间知晓请假原因。如果发现班级幼儿大部分请假的原因是感冒咳嗽,那么教师就可以在班内加强对幼儿的生活教育,引导幼儿注意防寒保暖、多吃水果、多喝水等,降低呼吸道疾病的发生率,保健教师则可以提醒保育员加强班级的消毒等防范工作,做到双管齐下,发现问题及时解决。

 专业:以"精"强专业化发展效度

通过赋能精细化,鼓励教师大胆表达、积极实践,并在不断实践中反思、更新观念、积累经验,在精细化的工作过程中逐步改进自己的教育教学行为,形成专业自觉。

◆ 教师问的是他们内心真实的问题吗？

在日常各类培训中，我们经常会发现当请教师提问时，他们有的会停顿很久，有的则提不出什么问题，而提问的教师也只是提了一些他/她认为可能不会有问题的问题，这种种表现说明的是教师们的思想性存在着较大的差异，因为有价值的问题不是一下子就能提出的，需要教师在实践中发现、质疑，所以大部分教师都会担心问题是否被认可，不敢大胆提问，专业自信还不够强。

◆ 教师做的是他们发自内心的行动吗？

每天我们都会看到每位教师都在努力地工作着，与孩子一起游戏、与同事一起交流，参加每个培训活动，但是还会有很多教师的发展像蜗牛前行似的。我们也陷入了深深的思考，这所有的一切都是他们内心真实的需求吗？大部分教师或许就是因为领导的要求，对为什么这么做、做得如何并不上心，专业发展的自觉性需提高。

（一）让问题"被发现"

要让教师大胆自信地提问，那么我们可以依托信息化手段，为他们创造一个自由的问题空间平台，让教师在问题空间里大胆提问，或者可以根据同伴的提问进行选择，是认同还是追加提问。因为往往有些教师在问题的表达上缺乏适宜的方式，无法准确表达自己的疑问，但此时如果正好在问题空间平台上有同伴提出了相似的问题时，他/她就可以选择认同，这样作为教研组长也能方便地统计出教师们的共性问题。同时也可以通过问题空间中教师提问时出现的词频统计，发现教师专业发展需求或困惑，从而让教研真正解决教师的真问题，每一次的教研都是真实教研。

在新学期开始前，在问题空间平台可以针对上一学期开展的内容请老师们提出困惑，从而发现共性需求。

问题：

在集体教学活动中，教师提出问题，幼儿回答好之后，作为教师该如何更好地回复或提升回应幼儿的回答呢？

有效的师幼互动的策略有哪些？

幼儿的回答有时天马行空，这时作为教师我应如何与其互动呢？

集体教学活动的现场如何快速、有效地回应幼儿的各种问题？

如何无痕做到有效师幼互动？

对于不同年龄段的师幼互动的策略有什么不同？

怎样在教学活动有限的时间内和幼儿进行良好的师幼互动？

怎么样以更正确的儿童观的方式回应幼儿，如何站在儿童立场去回应幼儿呢？

如何回应幼儿的突发问题？

在儿童视角下教师如何与幼儿高质量地互动？

集体教学活动中如何在短时间之内让师幼互动更有效地为目标服务？

互动程度的把握，如碰到孩子对于一个问题特别感兴趣，会很执着地说很多，这时候教师该不该打断？如果不打断，有可能会影响教学活动的质量和有效性，这时教师该怎么做呢？

……

通过词频统计，我们发现"师幼互动"这两个词语出现了十几次，于是我们即刻将新学期的研究内容确立为"基于儿童视角下集体教学活动中有效师幼互动的实践研究"。

（二）让过程"可检测"

作为一所大体量的幼儿园，我们每次开展教研活动时都有几十名教师参与，而一次教研活动仅有一个多小时，很难兼顾到每个教师，并知晓每一个教师的活跃度、发言率等，所以依托精细化手段进行统计，让过程可检测，是保证每位教师都被关注到，激发每个教师积极参与的有效方法。

以下是一次小教研活动时教师发言率的统计。

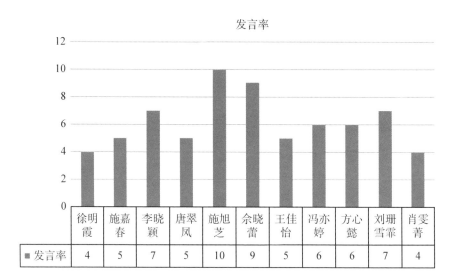

图 4-3-3

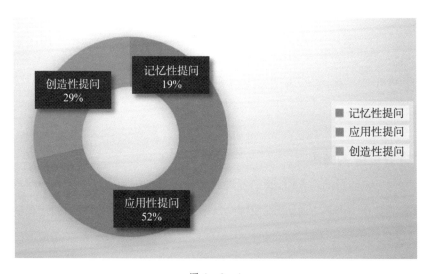

图 4-3-4

从以上两张统计图中我们不难发现,施老师、佘老师、李老师等几位老师的发言率相对比较高,王老师、唐老师、肖老师的发言率略低,前者是园内骨干教师,后者是青年教师。由此可见,本次教研活动中骨干教师的活跃度较高,而青年教师的活跃度较低,那么作为组长就可以向两位青年教师了解一下活跃度不高的原因,从而针对原因通过调整教研的组织形式、提问方式、教研内容等,真正调动每位组员的主动参与,满足其教研培训的需求。

 三　技术:以"精"促现代化教育水平

党的二十大报告中提到要"加快建设高质量教育体系"。"加快建设高质量教育体系"是教育强国的重要特征,而加强信息化、数字化和智能化建设是第三个特征。我们要以教育信息化提高教育教学质量和办学效益,促进教育现代化,实现优质教育资源的广泛共享,促进教育公平和对社会的开放。

◆ 信息技术是否真的做到为教育服务?

随着信息技术的飞速发展与数字化时代的到来,数字信息化教学技术、智能设备也不断涌入幼儿园,但是面对这些能给园所管理、教学工作等带来便捷的高科技,是否会有因为技术过高,教师不知如何运用而搁置在那里的? 有没有安装了也就安装了,未实现其真正价值的? 这些信息技术真的在为我们的教育服务了吗?

◆ 教学资源是否真的做到了充分利用?

教学资源是一切可以利用于教育、教学的物质条件、自然条件、社会条件以及媒体条件,是教学材料与信息的来源。在教学资源构成的大环境下,幼儿的发展需求可以在教师的引导下,主动地利用资源来满足。但作为幼儿园来讲,我们真的将这些资源都充分地利用起来,并为幼儿创造出一个符合其发展需要的完善的环境了吗? 答案或许是尚未。

（一）让不可能"变可能"

通过信息技术与课堂教学的融合，为教学活动提供丰富的教学资源，让幼儿通过感受、体验等形式，多视角感受知识内容，从而丰富幼儿的认知，拓宽其视野。同时，也可以利用多媒体的技术优势，为幼儿营造出多种要素参与的、形象直观的教学情境，向幼儿呈现图片、视频，对幼儿形成较强的感官冲击，更加直观地了解知识的背景与氛围，看到很多看不到的东西，兴趣的原动力就会被激发，从而能够更好地调动起幼儿学习的热情，真正实现"我不能带孩子去看世界，但是我能把世界搬到教室里"。

在大班主题"动物大世界"中有个内容是所有幼儿都非常感兴趣的，那就是"恐龙"，但是恐龙早已灭绝，他们只能从图书、动画片等渠道去了解恐龙的生长环境、种类等。但如果我们利用多媒体技术，在开展教学活动时，为幼儿呈现出一个 3D 恐龙世界，让幼儿能直观地去观察、感知恐龙的生长环境，探索发现恐龙灭绝的缘由等，那么幼儿对动物探索的兴趣和对环境保护的意识就能在无形中被调动，被激发，也使得知识从平面变得更立体，从简单的文字图片符号变成了动态的视觉影像。当开展主题"我是中国人"时，有的幼儿说我去过北京天安门，有的说我去过长城，还有的说我看到过黄河、长江等，但也有很多幼儿并未去过、看到过。此时，我们就可以利用多媒体技术，将幼儿渴望看到的祖国的大好河山、名胜古迹都展示出来，生动的场景可以给幼儿带来震撼，爱国主义的教育也在这一过程中自然地发生。

（二）让资源"可共享"

我们可以将教学资源进行打通，集中多个资源，通过线上线下、园内园外资源融合的方式，达到资源共享，从而提高幼儿的教育成效。我们可以通过共享平台，将幼儿园所有的资源分类汇总在一起，当教师需要时可以直接从资源库中调取，这样不仅使幼儿园的优质资源发挥作用，同时也能让教师减负增效，把节约出来的时间放在观察解读幼儿上，更好地关注个体差异，进行个性化教育，从而促进每位幼儿在原有基础上的发展。当我们需要开展红色教育时,可以通过与周边资源的沟通,直接通过线上直播的方式,让幼儿进行云参观,不出园门就能开展一次红色之旅,让资源发挥到最大化。在户外2小时实施之后,幼儿园各个活动室如何才能发挥其最大效能,是值得我们思考的。我们可以利用信息平台,将所有活动室的使用时间段呈现在平台中,各个班级可以基于幼儿需要自主选择进入活动室的时间。这样不仅充分体现了班本化的课程实践,也让幼儿园的资源得到了最大程度的发挥。

我们期待赋能精细化能对提升幼儿园管理和办园成效,减缓管理负荷,打造智慧团队,建立以人为本的校园文化等,带来更大的积极影响与重要作用。

第四节　放大"人本值"

中共十六届三中全会《关于完善社会主义市场经济体制若干问题的决定》提出了"坚持以人为本,树立全面、协调、可持续的发展观,促进经济社会和人的全面发展",党的二十大报告明确指出了"坚持以人民为中心的发展思想","以人为本"愈发成为教育教学中的先导词。站在"青品"看未来,我们更加希望放大"人"的价值,为儿童发展增值,为教师成长增值。

 一　如何让儿童发展增值?

回首来时路,我们进一步思索,在青苹果幼儿园里,课程、活动甚至生活中的每一件小事,是否都能为儿童的发展增值? 是否都发挥了丰富而多元的价值? 带着这样一种思考进行回顾,在自我反思中我们逐渐看到了未来我们的期待。

(一) 一类课程中的 N 种价值

在践行"青品课程"的过程中,我们越来越发现生活、游戏、运动、学习四大板块之间的交融。课程不再是单一视角,更需要我们用全课程、全儿童的视角去看待。

在原有的课程设置中,"毕业典礼"是大班课程的重要一环,对过往美好的留恋与对未来的积极期盼都是儿童精神生活的重要内容。我们期望,孩子们能够带着爱和过去告别,奔向未来,这是情感的丰盈,亦是内心的成长。然而,回顾以往的毕业典礼,常常是教师帮孩子们排练节目,邀请家长一起来观看毕业演出,毕业典礼从幼儿园的小礼堂,搬到了社区的大舞台,仿佛成为一个越来越大的集体性活动,却越来越缺少课程的意义。

不同的教师也提出了不同的看法,"毕业典礼对孩子们来说到底是什么呢? 对家长来说是什么? 对老师来说又是什么呢?""毕业典礼不应该仅仅停留在一个节目上,更多的是对情感的挖掘。""毕业典礼既然是课程的一部分,就应该有课程应有的价值,怎么去发挥它的价值,重点在我们怎么去做。""毕业典礼的重点应该回归到孩子身上,不应该只是展示一个节目。"

在大家的讨论中,我们进一步看清了内心对毕业典礼的期待。立足"儿童本位"思考,我们想进行这样一种尝试,将毕业典礼真正还给孩子。于是,我们将毕业典礼的时间拉长到整个 6 月,鼓励教师与孩子们进行深入的讨论,倾听孩子们对于"毕业""告别""进入小学"等种种事情的看法,再根据每个班级孩子的想法,以班本化的方式开展毕业典礼的系列活动。典礼策划、项目分工、场地设计、节目排练等各个环节都由孩子们自己来进行,真正呈现一场属于孩子的毕业典礼。在这个过程中,孩子们拥有了责任心、自信心、同理心,学会了商量、分工、合作、妥协、坚持、勇敢,让我们看到了孩子们的问题解决、分工合作、友好交往、坚持不懈等良好品质。我们更加认可这样的毕业典礼,既是对三年幼儿园生活的感动告别,更是对未来美好生活的有效准备。

经过这样的改变,我们可以自信地回答,我们的课程确实在为儿童发展增值,在一类课程中,能够促进儿童的 N 种发展。我们也期望,未来的"青品"课程能够"以人为本",为儿童的发展不断续航。

(二) 一个活动中的 N 种思考

各种各样的节日活动构成了幼儿园生活的重要内容。在进行节日活动的过程中,我们更要思考活动之间的关系、活动与课程的关系。

记得有一年的三八妇女节要到了,在开展庆祝三八妇女节活动时,孩子们给妈妈写了一封信,再一起邮寄出去。在活动后的反思中,有教师提出:"这样过三八妇女节和过母亲节有什么区别呢?"是呀,三八妇女节和母亲节看上去是两个高度相似的节日,然而它们的内涵却不尽相同,其中蕴含的教育价值也有所差别。在当前,有很多幼儿园的节日活动仅仅满足于"大场面""做过了",却缺少对于活动内涵的把握,对于活动教育价值的分析,对于儿童发展的思考。我们也不禁扪心自问,这样的三八妇女节活动,对幼儿的发展价值在哪里呢?

带着这样的思考,再次迎来三八妇女节时,我们转变了思路。在充分倾听了孩子们对于三八妇女节的想法后,我们协助孩子们做了一次社区调研——如果能够重新选择,有多少妈妈还愿意做妈妈?为什么有些妈妈不愿意做妈妈了呢?从中引发了孩子们的探讨,有的孩子说:"做妈妈是很辛苦的,但做爸爸是很轻松的。"还有的说:"做了妈妈以后,有很多想做的事情她就做不了。""还有时候她还要做她不想做的事情。"最后,孩子们共同设计了一幅海报,在社区中进行宣传,呼吁大家关爱身边的女性。

在现阶段,我们对于各类节日活动的思考更加需要把握其内涵,不仅要思考怎么组织节日活动,更要思考为什么要庆祝节日,思考节日活动与幼儿生活的关系,思考不同节日蕴含的课程价值,思考节日活动对儿童发展的增值效益。

(三) 一件小事中的 N 种发展

孩子们在幼儿园的生活是由一件件小事组成的。在思考中,我们非常重视每件小事的价值,在一件件的小事中看到 N 种发展可能。

在以往,我们也强调要了解儿童需求,但是不是每个孩子时时刻刻都有明确的需求呢?在践行课程的过程中,我们是不是过于追随幼儿需求而"草木皆兵"?我们是不是"假想"了幼儿的需求?带着这样的思考,我们发现当幼儿没有明确需求而教师一味

"鼓励"幼儿提出建议时,这些建议都是空洞的。

带着这样的思考,我们产生了"小Q议事会",在教室里放一张"议事桌",把生活中孩子们遇到的一件件小事串联起来,在小事中发现了问题,有了自己的想法,都可以来到议事桌发起议事讨论,借助视频、照片,回顾当时的真实情境,回顾当时的感受,更好地帮助孩子进行自我问题解决,也让教师能够进一步聆听幼儿心声,为生成性活动做准备。在"小Q议事会"中,产生了运动中的遮阳棚、游戏中的送水员、生活中的值日生……进一步柔化了边界,解决了一件件小事中的问题,也在实施过程中发展了幼儿的人际交往能力、自我表达能力、问题解决能力等。

一类课程、一个活动、一件事情,不是为了做而做,在未来,我们更要看到其中"以人为本"的价值,是为创造美好未来生活做好充分准备。我们将进一步放大"人本值",更好地促进幼儿发展。

 如何让教师成长增值?

在儿童发展优先理念下,我们关注着儿童的发展,期待着为儿童发展增值。同时不可忽视的是教师的成长与发展,有了好的老师,才能践行好的课程,更能焕发好的教育。因此,放大"人本值",我们将进一步关注为教师成长增值。

（一）一次任务中的 N 种成长

在幼儿园中,教师总会面临各种各样的任务,而任务也是获得历练与成长的最好时机。我们期望教师能够把一次任务不仅仅当作一次任务,而是让教师在此之中获得N种成长的机会。

在进行年级组教研的过程中,我们将整个任务的战线拉长,并不急于关注教研的结果,而是希望教师能够在教研的过程中得到历练。专业是需要反思与对话的,如果能够营造协同反思的良好氛围,就更加能够激发教师的专业热情。在过程中得到肯定,教师也会收获感动,从而更好地激发内驱力。

在教研前期,我们与教师共同回顾以往的经验,对上一阶段形成的共同认识进行再梳理,鼓励教师以自己的方式来讲述自己的理解,更好地形成经验的内化。同时从实践中收集教师最关注的真问题,有一些能够在相互讨论中解决的,鼓励教师之间进行同伴交流,有一些需要进一步探讨的,成为教研的备选主题。在实际的教研中,我们鼓励教师带着自己的案例来共同进行分享。教师最熟悉的是孩子,最热衷的也是孩子。从案例中回顾真实情境,既有不同年龄段的纵向对比,又有不同个体间的横向差异,教师更能够形成一个较为全面的视角。我们也鼓励在教研的过程中带着批判性思维来互相探讨,为什么我和你看到的一样却想得不一样?为什么我和你想得一样,但看到的不一样?不停地从不同的角度看待问题,从不同的角度解读儿童发展。

在此过程中,通过一次教研,教师能获得提问的能力、讲述的能力、观察的能力、质疑的能力和反思的能力。我们期望每一次任务都能够在教师心中留下一点点痕迹,在不断承接任务的过程中,加深自己对专业的思考,为教师的发展增值。

(二)一次评比中的 N 种收获

各类重点考评在幼儿园中经常发生,而在未来,我们更希望将同类评比进行合并。我们在意的并不是评比中教师的成绩,而是一次评比能给教师带来什么。在以往,我们就尝试了将师德活动、主题演讲、教研活动合三为一,将幼儿园中的他评转化为教师自评,结合时代四有好教师的背景更新对优秀教师的标准。我们更希望,每一次评比都是教师亮出自己的机会。

在个别化学习活动评比中,并不是定下一个评比日期,园领导来每个班级评一圈,打打分就结束了。我们将评比形成一个闭环,在这个闭环中的每一步都指向了教师的成长与收获。

在评比之前，我们会为教师进行一次前期培训，将最新的个别化学习活动理念带给教师，并请有经验的教师进行介绍。之后，我们将整个评比时间拉长，给教师充分的时间创设个别化学习活动，进行教研协同反思。在这个过程中，既有搭班之间的共商共议，也有同组室的随机研讨，更有跨园部的经验共享。同时我们更鼓励教师在过程中对儿童进行深度的阶段性观察，并基于儿童的反馈，进行自我反思。当时间来到评比的那一天，我们更想把这当作一次展示。园长会在每一个班级倾听教师的自我评价、同伴间的评价，作出自己的专业点评。此外我们还推出"样板房"，供所有教师进行参观交流。在评比后，教师们依旧可以根据自己看到的、学到的，继续调整自己的班级。

一次个别化学习活动的评比，看似评比，却把培训、学习、研讨、反思形成了闭环，把一件事情做实、做精、做透。在此过程中，教师们接受了最前沿的教育理念，提升了创设个别化学习活动的能力，增强了与儿童共建的意识，并在不断地自评与他评的过程中反思实践，构建属于自己的专业网络，有了多样的收获。

（三）一次展示中的 N 种发展

以往，面对各类展示活动，我们总是"闭关修炼"，将自己全副武装再以最好的状态展现在人前。而随着幼儿园办园品质的进一步提升，影响力的进一步扩大，交流展示活动也越来越多，闭关再开放的状态已经跟不上幼儿园发展的步伐。我们更需要把一次次展示任务当成教师成长与发展的契机，不断在任务中学习研讨，伴随着展示与开放促进教师的 N 种发展。

在一次面向全国幼教同仁的户外自主游戏展示中，既要看游戏现场，又要听游戏故事。以什么样的心态去面对这样高规格的展示呢？是焦虑？是负担？还是退缩？我们看到了在这次展示中蕴含的教师成长契机，教师们扎根游戏现场，大量收集一手素材，带着素材来进行研讨，在研讨中看到学会观察幼儿、看到幼儿发展、提出支持策略,专业素养得到了提高。同时我们走进游戏现场听教师讲现场故事,不仅锻炼了教师高度凝练组织故事的能力,更激发了教师看到孩子、爱上孩子的专业内驱力。正是有了在一次展示中把握 N 种发展的可能,教师才能不畏惧展示,在现场展示中获得幼教同仁高度评价。未来,我们将以更加从容的心态面对各类展示活动,将一次次的展示任务作为提升教师专业水平的良好契机,更加在每一次展示中促进教师的 N 种发展。

放大"人本值",要看到在忙忙碌碌中各类"事情"之间的关系,做一件事又不只做了一件事,在各类任务中做有效加减合并,为教师减负增效,扬师德、提师能,放大教师的"人本值"。